Gabriella Pape

Meine Philosophie lebendiger Gärten

Gabriella Pape

Meine Philosophie lebendiger Gärten

unter Mitarbeit von Dr. Harro Schweizer

IRISIANA

FSC

Mix

Produktgruppe aus vorbildlich
bewirtschafteten Wäldern und
anderen kontrollierten Herkünften

Zert.-Nr. SGS-COC-1940
www.fsc.org
© 1996 Forest Stewardship Council

Verlagsgruppe Random House FSC-DEU-0100
Das für dieses Buch verwendete FSC-zertifizierte Papier
Munken Premium liefert Arctic Paper Munkedals AB, Schweden.

© 2010 Irisiana Verlag, in der Verlagsgruppe Random House GmbH, 81673 München
Umschlaggestaltung: HildenDesign unter Verwendung eines Motivs von ZTS/
Shutterstock
Illustrationen für das Daumenkino im Innenteil: Bettina Kammerer, München
Vor- und Nachsatz: Isabelle Van Groeningen, Berlin-Dahlem
Druck und Bindung: GGP Media GmbH, Pößneck
Printed in Germany
ISBN: 978-3-424-15033-9

Inhalt

Inhalt

Den Garten erleben – ein Blick voraus

Wer ein erstes Mal in einen Garten geht, verhält sich wie eine Biene: Er lässt sich von den Farben anziehen. Der optische Eindruck ist der wichtigste. Doch was macht einen Garten eigentlich besonders, warum fühlen wir uns darin wohl, was gefällt uns daran? Sind es die Proportionen, die Materialien, die Farben, die Texturen, oder liegt es daran, wie die Pflanzen miteinander korrespondieren?

Garten ist Sinnlichkeit. Garten bedient unsere Sinne, und er regt sie an. Wenn wir an einem schattigen Bäumchen vorbeigehen, ist es ein inneres Erlebnis, ein buntes Blumenbeet kann uns betören, Gräser bewegen sich im Wind, Vögel zwitschern in einheimischen Gehölzen. Wir spüren, ob wir auf Stein, Kies, Sand oder Erde gehen, und genießen schattige, sonnige und duftende Fleckchen. Wenn wir über drei Treppenstufen in einen anderen Gartenbereich kommen, wartet vielleicht etwas Ungeahntes … So erleben wir den Garten, in der Spannung von *expectation and surprise*, wie man in England sagt, zwischen Erwartung und Überraschung: Wir sind an einem bezaubernden Ort und fühlen uns von einem anderen Platz innerhalb des Gartens geradezu magisch angezogen, angelockt – wir gehen hin und erleben dort tatsächlich eine Überraschung. Und irgendwann merken wir, dass es immer wieder neue Entdeckungen gibt. So funktioniert Garten, so kann, so sollte er funktionieren. Alle Freiheit ist gegeben. Seine Verspieltheit erlaubt es, dass alles möglich ist, sogar dass wir das eigentliche Ziel aus den Augen verlieren und das Gefühl haben, an einer anderen Stelle unseres Gartens könnte es vielleicht noch schöner sein als hier, wo wir uns gerade aufhalten. Wir lassen den Gedanken freien Lauf, geben der Neugier nach, spielen mit den Gegebenheiten.

Mein Anliegen ist es, Lust auf Garten zu machen. Meine Vision ist es, Garten erlebbar zu machen: Ich möchte, dass die Menschen den eigenen Garten entdecken, immer wieder Neues ausprobieren, die Freude daran genießen, dass sie in den Garten verführt werden. Das Erlebnis Garten steht jedem frei, jeder kann es für sich wachrufen. Dazu braucht es nur ein paar neue Ideen und Anregungen und ein bisschen Mut, manchmal Geduld und Demut, Hingabe und Zuversicht in die Kräfte der Natur. Und die Bereitschaft, in den Garten Liebe hineinzugeben, wie in eine menschliche Beziehung. Geliebte Gärten geben immer etwas zurück, seien es üppige Pflanzen oder eine besondere Blütenpracht, seien es Glücksgefühle oder eine tiefe Zufriedenheit. Erlebte Gärten machen glücklich, weil etwas Wunderbares entsteht, das uns zu Herzen geht.

Gärten sind etwas Lebendiges, sie reflektieren schnell und dankbar die Liebe, die man ihnen zukommen lässt. Und sie reagieren genauso schnell und unbarmherzig auf Vernachlässigung und Liebesentzug. Wie schön ein Garten wird und wie viel Liebe man ihm schenken möchte, das kann man nur mit sich selbst ausmachen.

Wo Kultur von Kultivieren kommt

Spätestens gegen Ende meines Studiums wusste ich, nach welchem Wissen ich immer gesucht hatte. Auf einen Begriff gebracht, obwohl nur die schlichte Übersetzung des belegten Studienfachs, war es das Wissen der Gartenkultur. Damit war ich in eine völlig neue Dimension vorgedrungen, es war gleichsam der Eintritt in eine neue Welt. Dass Gartenkultur gewiss nicht das ist, was in Versandkatalogen und Baumärkten oft unter dieser Bezeichnung angeboten wird – Sonnenschirme und -liegen, Geflechtsessel und Rosenbogenbänke, Royale-Comfort-Polster und Sturmlaternen, Feuerschalen und Grillmodule, Dosenfackeln und gusseiserne Beetbegrenzungen, skandinavische Vogelhäuschen und Hollywoodschaukeln, Solarlampen und Blumenkübel aus Eichenholz –, das wusste ich schon vor meinem Studium.

Üblicherweise denken wir bei »Gartenkultur« an große Gartengestalter oder wundervolle Garten- und Parkanlagen, die meist in vergangene Zeitepochen zurückreichen: an Peter Joseph Lenné und seine Werke wie den Park von Sanssouci in Potsdam, die Pfaueninsel oder den Tiergarten in Berlin, an Fürst Hermann von Pückler-Muskau und seine Gärten in Muskau und Branitz, an Friedrich Ludwig Sckell und den Englischen Garten in München, den Park von Schloss Nymphenburg oder die Insel Mainau. Wir denken an die Anlagen des französischen Gartengestalters André Le Nôtre in Versailles oder an italienische Renaissancegärten als früheste Gartenschöpfungen der Neuzeit in Europa, Insider zählen noch die Gärten von Gertrude Jekyll auf. Vielleicht nehmen wir noch etwas fremdere Gartentraditionen wie die japanischen Zen- und

Teegärten hinzu, deren Bilder wir meist eher aus Kalendern, Fernsehsendungen oder Apothekenzeitschriften kennen – und wir liegen damit falsch. Nicht ganz, aber doch ziemlich. Diese durchaus künstlerischen und einzigartigen Varianten gartenkultureller Inszenierungen hatten und haben allesamt eine Basis, auf der sie sich erst entwickeln konnten und weiter können. Sie sind das Resultat der Gartenkultur, nicht ihr Ursprung. Ohne Gartenkultur, wie ich sie definiere, gäbe es diese Gärten nicht. Denn sie müssen gedacht, gezeichnet, gebaut und dann vor allen Dingen gepflegt werden, um zu überleben – ohne das Wissen der Kultivierung ist das nicht möglich.

Erste Voraussetzung für die genannten Gärten war zum einen das Wissen um die Pflanzen und ihre Kultivierung. Gartenkultur setzt dort an, wo der Mensch die Pflanze den Boden berühren lässt. In diesem Moment beginnt die Kultivierung der Pflanze. Ich nehme einen Steckling von einem Baum und stecke ihn in den Boden, eine Zwiebel, einen Rosenreiser oder nur einen winzigen Samen. Das ist Kultur, denn ich kultiviere die Pflanze und überlasse sie nicht mehr allein der Natur. Der Natur wird etwas entnommen – und wieder zurückgegeben. Jedoch nach des Gärtners Vorstellung, nach seinen Wünschen und Ideen wird es kultiviert, dort, wo es hinkommt, wird es tun, was es kann. So wird die Rückgabe an die Natur zugleich zum bewussten Eingriff in die Natur.

Zweite Voraussetzung war die Nachfrage oder eine persönliche Begierde, die Absicht und Zweck für einen Garten bestimmten. Was sollte ein Gärtner, ein Gartengestalter oder ein Landschaftsplaner ohne Auftraggeber tun? Könige, Fürsten,

Adlige oder Stadtverantwortliche, eine herrschende Elite oder besonders begüterte Zeitgenossen waren es, die sich die Dienste der Besten unter den Gartenkulturschaffenden sicherten. Und was machte sie zu den Besten? Das waren nicht so sehr ihre genialen Einfälle (kein Zweifel, die hatten sie auch), es war ihr tiefes Wissen um die Gartenkultur im Sinne der Kultivierung der Pflanzen. Dieses Wissen war Voraussetzung für die mitunter atemberaubenden oder stillen, romantischen Anlagen.

Die Gartenkultur ging den später so bewunderten Parks und Gärten voraus – und nicht umgekehrt. Gärten waren das Ergebnis einer ultimativen Steigerung der Kultivierung der Pflanzen, sie waren die Errungenschaft aus dem wohl seit Jahrhunderten beobachteten, angesammelten, niedergeschriebenen und studierten Wissen. So ist Gartenkultur nicht die Summe vieler schöner Entwürfe und Ausführungen von Gärten, Gartenkultur ist vielmehr der schier unendliche und immer wieder erneuerte Wissenskanon über die Pflanzen und ihre Lebensbedingungen, den sich der Mensch zu eigen macht, um im Einklang mit der Natur, aber auch im Widerstreit gegen die Natur seine eigenen Vorstellungen, Wünsche, Bedürfnisse und Emotionen durchzusetzen. So versucht er, die Natur »nach seinem eigenen Bilde« zu toppen.

Und hierzulande?

Doch nun die – vorläufige und vielleicht überraschende – Verlustmeldung: Die Gartenkultur ist in Deutschland, wo sie einst große bedeutende Vertreter hatte, wo sie wahre Blütezeiten feierte, wo Einrichtungen und Institutionen diesen Wissenskanon pflegten, lehrten und kontinuierlich durch neue Forschungen erweiterten, gerade hier ist sie aus meiner Sicht abhanden gekommen. Kaum einer kennt sie noch, kaum einer weiß von ihr. Auch wenn weiterhin Gärten geplant, gebaut und angelegt werden und weiterhin die Tradition hübscher alter Gärten gepflegt wird (oder man das zumindest versucht), so ist Gartenkultur im weitesten Sinne oder besser: in ihrer tiefsten Bedeutung und in ihrem globalen Verständnis hierzulande nur wenig vorhanden.

Hier wird Kultur zu sehr mit alten Gebäuden, alten Bildern, alter Musik in Verbindung gebracht, oder eben mit Gärten der Barockzeit, der Renaissance, des Klassizismus oder der Gründerzeit. Aber Kultur, das kann nicht der bloße Blick zurück sein, das ist nicht nur Vergangenheit. Das ist sie zweifellos auch, aber dieser Blick zurück ist letztlich nur ein exklusiver Ausschnitt, andernfalls verkommt Kultur zum rückwärts gewandten Denken und Handeln, verstaubt und für die Bibliotheken reserviert. Gartenkultur ist etwas sehr Lebendiges und in der Gegenwart Verankertes. Kultur, vor allem wenn es um den Garten geht, sollte sich auf die Gegenwart beziehen.

Ein derart umfassendes Studium, ein *studium generale* der Gartenkultur, wie ich es im englischen Kew absolvieren durfte, ist heute in Deutschland nicht möglich. Es sollte uns überraschen und nachdenklich machen, dass dies noch vor hundert Jahren, auch noch vor achtzig Jahren allerdings möglich war, und zwar an der Königlichen Gärtnerlehranstalt Dahlem in Berlin-Steglitz. An diesem Weiterbildungsort für Gartenkultur, an den die vom vereidigten Königlichen Garteningenieur, Mitglied der Königlichen Gartenintendantur und Königlichern Gartendirektor in Potsdam Peter Joseph Lenné 1824 in Potsdam-Wildpark gegründete Einrichtung aufgrund der räumlichen Enge 1903 umgezogen war, wurden im Rahmen eines Fächer- und Themenkatalogs, mit dem nur das heutige Kew mithalten kann, echte Gartenkulturmenschen ausgebildet. Vorausgesetzt war in Dahlem – und ist heute noch in Kew –, dass die Studierenden bereits eine abgeschlossene Lehre hinter sich hatten. Arbeiteten viele vor ihrem Studium an der Königlichen Gärtnerlehranstalt nur als einfache Gärtner, so waren sie hinterher Fachleute, die das komplette Spektrum gartenkultureller Prozesse abdeckten.

Hofgärtner zählten schon mindestens seit Mitte des achtzehnten Jahrhunderts zu den wichtigsten und bestbezahlten Männern an den Höfen, denn der Hofstaat lebte nicht zuletzt von ihnen. Sie grenzten sich klar gegenüber allen anderen Angestellten ab, es war damals übrigens ein reiner Männerberuf. Es entwickelten sich mit der Zeit ganze Dynastien von Hofgärtnern, indem die Söhne die Stellen der Väter übernahmen, nicht ohne deren Wissen weiterzutragen. Bevor solche Ausbildungsstätten wie die von Lenné im neunzehnten Jahrhundert gegründet waren, erwarben die angehenden Hofgärtner ihr Wissen durch Reisen, vornehmlich ins Ausland, sie besuchten dort angesehene Gartenanlagen und brachten dann vor allem Kenntnisse des Obst- und Gemüseanbaus mit. Königshäuser, allen voran das Preußische, holen sich die besten und kreativsten Köpfe als leitende Hofgärtner. Diese privilegierten Herren wohnten dann nahe dem Schloss innerhalb der ihnen obliegenden Anlage in einem eigenen Hofgärtnerhaus, meist mit Dienstpersonal. Der Hofgärtner plante die Anlagen und den Pflanzenanbau, entwarf und verwaltete einen vom König oder Fürsten bewilligten Etat. Die praktischen Arbeiten, das Wühlen in der Erde, das Pflanzen und Pflegen bei Hitze, Kälte und Regen führten hingegen die Gartenarbeiter – Knechte, Gesellen und Obergärtner – aus.

Lennés Motivation für seine Gärtnerlehranstalt waren die vielen großen Höfe und die wenigen ausgebildeten Gärtner. Die Zeit war reif für einen Ort, an dem sie nach einheitlichen Maßstäben und nach dem Wissensstand der Zeit ausgebildet werden sollten. Regelrechte Konkurrenzen, Wettbewerbe zwischen den großen europäischen Höfen waren ausgebrochen, auf Landesebene sicherlich auch unter den kleinen Fürsten. Dabei ging es nicht unbedingt um die größten Kartoffeln, vielmehr war der Antrieb neben dem Bestreben, zu jeder Jahreszeit Gemüse auf dem Tisch zu haben, vor allem ein Luxusanspruch: Wer etwa konnte sich noch im Februar die letzten Weintrauben auf der Zunge zergehen lassen? Eine Herausforderung an den Gärtner: Wie halte ich die Trauben über Weihnachten und die ersten Wintermonate? Eine Erfindung sah vor, dass die Traube von der Rebe mitsamt dem Ast abgeschnitten wurde, diese Rebenäste dann in riesigen Kellergestellen jeweils einzeln in mit Wasser und Holzkohle gefüllte Flaschen gesteckt wurden, sodass nur die Trauben aus den Flaschen ragten. Tausende von Flaschen waren von den Untergärtnern dann zu kontrollieren: Das Wasser, das die Trauben, als ob sie am Rebstock hingen, weiter aufsaugten, war regelmäßig auszutauschen, schrumpelige, gammlige und vor allem von Fäulnis befallene Beeren waren zu entfernen – insgesamt ein unglaublicher Aufwand, nur um mitten im Winter pralle Weintrauben auf dem Tisch zu haben.

Auch hochinteressant und beliebt waren ausgesprochen aufwändige Ananashäuser, denn nichts war im neunzehnten Jahrhundert exotischer, als eine Ananas zu servieren. Solche Experimente blieben meist ein gut bewahrtes Geheimnis vor allem gegenüber anderen Höfen – auch wenn anlässlich gegenseitiger Besuche zu großen Essen und Schlachtplatten sehr viel Wert auf die stolze Demonstration dieser gärtnerischen Erfolge gelegt wurde. Auch Pfirsiche und Aprikosen standen hoch im Kurs, für die in vielen Gärten Englands große hohle Mauern von innen beheizt wurden, um den Frost vom Obst fernzuhalten. Gewiss haben solche Experimente auch etwas mit dekadentem Lebensstil zu tun, aber auch mit Gartenkultur auf dem Stand ihrer Zeit.

In der Königlichen Gärtnerlehranstalt gab es keine Geheimwissenschaft, sondern klar definierte Lehrfächer und Anleitungen, auch für außergewöhnliche Züchtungen und Kultivierungen. So bestand die »Anstalt« aus einer botanischen Abteilung, verbunden mit der pflanzenphysiologischen Versuchsstation, einem Laboratorium für Bodenkunde, einer Obst- und Gemüseverwertungsstation, einem Rosarium, einem Staudengarten und Arboretum, also einer Sammlung lebender Gehölze. Es gab Obstanpflanzungen, eine meteorologische Station, das Champignonhaus zum Lehren der Pilzzucht und das Wurzelhaus für Untersuchungen und Beobachtungen des Wurzelwachstums. Im Mittelpunkt schließlich verschiedene Gewächshäuser, von denen eines als Erdbeerhaus diente, das über ein Dach mit ausgeklügeltem Dachwinkel verfügte, um die Sonneneinstrahlung zu regulieren. Dort wurde unter anderem gelehrt, wie die Pflanze zu zupfen ist, damit sie am besten fruchtet. Zur Glashausanlage gehörten zudem zwei Weintreibhäuser, ein Pfirsichhaus, ein Kalt- und ein Warmhaus.

Man stelle sich das einmal vor: In Strippstrull an der Knatter, in der Sandwüste von Prenzlau oder sonst wo in diesem Preußen mit seinem holprigen Pflaster, in dem einst Effi Briest keinen Ausweg mehr fand, wo eigentlich nur der Wind pfeift und die Natur unter extremsten Bedingungen leidet, da lässt ein Landesfürst oder der König höchstselbst die von seinen Gärtnern gezüchtete Ananas aus dem eigenen Anbau auf den Tisch kommen – das ist wahrlich dekadent. Aber das Wissen dafür konnte man sich hier in Dahlem aneignen: Man nahm den Mist von ein paar hundert Pferden, um im Unterbeet Hitze zu erzeugen, natürliche Hitze also, weil man ja nicht einfach Feuer legen konnte. Man baute Beete, eingerahmt von großen Mauern aus Klinker, und füllte sie mit Pferdedung, darüber Erdschichten und Pferdedung im Wechsel. Da hinein setzte man die Ananaspflanze, die diese aufsteigende Hitze braucht.

Solche Anleitungen zur besonderen Glücksfindung fanden sich in einem Lehrplan, der von einmaliger Ganzheitlichkeit in der Gartenkultur geprägt war. Wollte man sich einen Überblick verschaffen, was in Berlin-Dahlem gelehrt wurde – es würde Seiten füllen. Hier ein Ausschnitt aus dem Studienangebot des Jahres 1913, ein Jahr vor Ausbruch des Ersten Weltkriegs, in alphabetischer Folge: Anatomie und Organographie der Pflanze, Architektur, Bakterienkunde, Betriebslehre, Bienenzucht, Blätterkunde, Blumenbinderei und gärtnerische Schmuckkunst, Bodenkunde und Düngerlehre, Chemie, Entomologie (Insektenkunde), Feinobstkultur, Feldmessen und Nivellieren, Freihandzeichnen, Freilandstauden, Gartenkunst und Entwerfen von Plänen, Gärtnerische Pflanzenzüchtung, Gehölzkunde, Gehölzzucht, Gemüseanbau, Geschichte des Gartens und Kunstgeschichte, Gewächshausbau, Handelsstauden, Kolonialpflanzen, Landschaftliche Naturkunde, Landschaftszeichnen, Mathematik, Mikroskopisches Praktikum, Obst- und Gemüseverwertung, Obstbaumpflege, Obstbaumzucht, Obstsortenkunde, Perspektivzeichnen, Pflanzenbau, Pflanzenphysiognomie, Pflanzliche Lebensmittel, Photographie, Physik, Pilzparasitäre Pflanzenkrankheiten, Planzeichnen, Projektionszeichnen, Samenkunde, Volkswirtschaftslehre, Wetterkunde, Zoologie.

Die Institution der Königlichen Gärtnerlehranstalt setzte Maßstäbe in der deutschen Gartenkultur. Hier wurde der sogenannte Deutsche Stil oder die Lenné-Mayersche Schule gegründet. Die an diesem Ort entwickelten Lehren bestimmten in der zweiten Hälfte des neunzehnten Jahrhunderts und im frühen zwanzigsten Jahrhundert die Gartenkultur in Deutschland. Auch bekannte Gartenkapazitäten wie Eugen Karl Lorberg, Karl Foerster und Willy Lange haben hier ihre Ausbildung erhalten.

Zu neuem Leben erweckt

Es hat lange gedauert, bis ich von diesem geradezu heiligen Ort der Gartenkultur erfuhr, den ich nicht kannte, von dem ich zuvor nichts wusste, der mich schließlich fand, um wieder zum Leben erweckt zu werden, drohte ihm doch schon die völlige Zerstörung und Vernichtung. Seine Größe ist heute im Vergleich zu damals zwar stark in der Fläche reduziert, dennoch bietet das Areal genügend Platz für eine neue Gartenakademie. Die noch vorhandene Glashausanlage ist inzwischen weitestgehend renoviert. Für mich wird es ein ganz besonderes Erlebnis, ja Ereignis meines Lebens bleiben, dass ich diesen Ort entdecken durfte, hat er doch über eine sehr lange Zeit für genau das gestanden, was ich im Innersten meines Herzens vertrete, wofür ich mich einsetze und auch weiterhin engagieren möchte und was ich den Menschen vermitteln will: *Horticulture*, Gartenkultur.

Dieser Ort besitzt eine ganz besondere Aura. Es ist der ideale Platz, um die deutsche Gartenkultur im Herzen von Berlin und zugleich im Herzen des Landes, in der Hauptstadt des vereinten Deutschlands, wieder aufblühen zu lassen. Seit 2008 veranstalten wir auf dem Gelände Kurse zur Gartengestaltung und Gartenkultur im Sinne von Lenné, Foerster und einer modernen gegenwartsbezogenen Gartenauffassung. Aber die Gartenakademie ist mehr als nur ein Ort der Begegnung, des Austauschs, des Einkaufs und der Information. Den *genius loci*, den Geist des Ortes, spürt jeder, der hierherkommt. Natur und Landschaft im Großen und im Kleinen berauschen uns vor allem durch ihre feinstofflichen, für das menschliche Auge nicht sichtbaren Schwingungen. So gilt es für mich, genau diese Energie zu erspüren und in meiner Gestaltung aufzunehmen, sie quasi hineinzuweben in den sichtbaren Bereich. Die Weymouths-Kiefer, die hier im – wenn auch nicht exakt geometrischen – Mittelpunkt des Geländes steht, ist, gleichsam als Seelenträger des Areals, ein Zeuge jener Zeit, als dieses Gelände erstmals vor über hundert Jahren seine Tore der Gartenkultur öffnete. Die geistige Atmosphäre dieses Ortes ist auch in seinen Bauten, den renovierten Glashäusern und erhaltenen Gemäuern bewahrt.

Gewiss werde ich hier nicht die alten Zustände wiederherstellen, aber ich nutze den Ort, um die Gartenkultur für unser Land wiederzubeleben. Ich schaffe einen Raum, wo die Menschen ein Stück aus ihren Träumen finden können, das sie dann nach Hause in den eigenen Garten tragen können. Das kann eine Pflanze sein, sei es Staude oder Baum, ein Gartenelement oder auch sehr viel mehr: eine Idee, eine Inspiration, wiedergefundenen oder neu entdeckten Mut, Optimismus, Lust und Freude am eigenen Schaffen im Garten, die Hinwendung zum eigenen Schöpfertum, das den Menschen von der ihn umgebenden Natur unterscheidet. Auch und gerade dies ist Gartenkultur!

Wie aber ist es geschehen, dass die Gartenkultur in Deutschland abhanden gekommen ist? Die große Gartentradition unseres Landes stand noch zu Beginn des zwanzigsten Jahrhunderts in ihrer Blüte. Nur drei Namen seien stellvertretend genannt: Da war Karl Foerster, Jahrgang 1874, der spätere Staudenpapst, mit eigener Gärtnerei, großen Züchtungserfolgen und einem enormen gartenphilosophischen Werk. Seine ersten Bücher lasen die Menschen in den Krankenhäusern oder die Soldaten in den Schützengräben der beiden Weltkriege und kamen so auf andere Gedanken. Eine Generation jünger, Jahrgang 1900, war die Landschaftsarchitektin Herta Hammerbacher, sie arbeitete mit namhaften Architekten zusammen, darunter Hans Scharoun, der die Harmonie von Gebäude und Landschaft zu seinem Programm gemacht hatte. Und schließlich Hermann Mattern, der ebenfalls mit Scharoun und auch mit dem expressionistischen Architekten und Künstler Hans Poelzig zusammen gewirkt hatte. Matterns Ansicht nach sollten Garten- und Hausgestaltung miteinander in »belebender« Wechselbeziehung stehen. Das heißt: Sie dürfen nicht einfach nur zusammenstehen, sie müssen sich »gegenseitig vollkommen ergänzen«.

Diese drei Großen der Gartenkultur waren an der Gärtnerlehranstalt ausgebildet worden, Foerster noch auf dem ehrwürdigen Lenné-Gelände in Potsdam-Wildpark, die beiden jüngeren in Dahlem. Sie arbeiteten eng zusammen, zunächst im Planungsbüro von Karl Foerster in Bornim, später als

Arbeitsgemeinschaft selbstständiger Gartengestalter und Landschaftsarchitekten von bestem Ruf und hoher Anerkennung, was Bornim den Ehrennamen eines »Worpswede der Gartengestalter« einbrachte, mit dem der Ort noch heute in Verbindung gebracht wird.

Schon Ende der Zwanzigerjahre, mehr noch Mitte der Dreißigerjahre konzentrierte sich das Land zunehmend auf die Landwirtschaft. Die Bedeutung und das Interesse am Gartenbau, an Gartenkultur und Gartenkunst traten deutlich in den Hintergrund, bis sie schließlich im Zweiten Weltkrieg fast völlig verloren gingen. Das Land lag in Trümmern, es standen andere Dinge auf der Tagesordnung als ein Garten und blühende Blumen, auch wenn es das Herz der Menschen sicherlich erfreut hätte. Ob sie die Blumen nicht sehen wollten oder ob es ihnen nicht »erlaubt«, nicht möglich war, weil Aufbauarbeit anstand, sei dahingestellt. Nüchternheit und Sachlichkeit waren angesagt, Ärmel hochkrempeln und – vorausgesetzt, man hatte nach dem grauenhaften Krieg noch beide Beine und Arme – aufräumen, aufbauen. Den Menschen stand der Sinn wohl kaum danach zu bitten: »Sag mir, wo die Blumen sind, wo sind sie geblieben?«

Ich bin überzeugt, dass Menschen nur in der Erde wühlen, also lustvoll gärtnern können, wenn sie spüren, dass aus dem Boden etwas Schönes sprießen kann. Nach dem Zweiten Weltkrieg schauten sich die Menschen an, versicherten sich gegenseitig, sie hätten von all der Menschenvernichtung nichts gewusst und nichts geahnt, sie wollten nicht daran glauben und trugen dennoch, oder gerade deshalb, eine innere Schuld mit sich herum. Für die Muse des Gartens hatten sie kein Herz und nicht die nötige Liebe. Garten braucht innere Vergebung. Natürlich waren da die Not, der Hunger, sie waren die täglichen Begleiter. So haben die Menschen Kartoffeln angebaut, praktische Notwendigkeit im täglichen Überlebenskampf. Für Blumenkultur war da kein Platz.

Auf ihren Seelen lastete die Vergangenheit, und so sehr sich manch einer in der Nachkriegszeit nach den schönen Dingen früherer Jahre sehnte, so wollten die neuen Generationen frei von allen Relikten des Gewesenen in neue Räume hinaustreten. Manch eine Stadt versuchte man nach ihren ursprünglichen Plänen wiederaufzubauen, wie etwa meine Heimatstadt Hamburg. Aus den bildhaften Erzählungen meiner Großmutter sehe ich immer die Arbeit der Trümmerfrauen vor mir, wie sie jeden Mauerstein gereinigt, gestapelt und zum Wiederaufbau vorbereitet haben. Andere Städte wurden nicht einfach wieder aufgebaut, um so auszusehen wie früher, ihre Restbestände wurden abgetragen, um Hochhäusern, Reihenhäusern, neuen Plätzen und Quartieren, verkehrsgerechten Innenstädten und geschwindigkeitstauglichen Nebenstraßen Platz zu machen. An Gärten dachte man da eher beiläufig. Allerdings entdeckte man die Stadtparks neu – sie wurden das neue und einzige Gartenphänomen der Sechzigerjahre, oft entstanden aus Gartenschauen.

Dann ging es mit der Wirtschaft immer weiter aufwärts. Auch der eigene Häuslebau war wichtiger als der Gartenbau, denn

in den Köpfen hatte es sich längst verfestigt: Was gesamtge-
sellschaftlich gilt, lenkt auch den Privatmenschen und seinen
Alltag – mehr und mehr, höher und weiter, der Erfolg sollte
keine Grenzen kennen, nach dem Auto das Haus, manchmal
auch umgekehrt. Der zunehmende Wohlstand maß sich an
den materiellen Dingen, der Garten spielte da eher eine ide-
elle Rolle. Für ihn waren weder Mittel vorgesehen noch die
Zeit vorhanden. Das emotionale Gartenerlebnis hatte keinen
Stellenwert. Bestenfalls der Gartenzwerg überlebte in ein
paar hilflos angelegten oder kitschüberladenen Vorgärten.
Hinter den Häusern ließen sich ein Sack Rasensamen auf die
Erde werfen und ein paar Koniferen als Sichtschutz gegen
den Nachbarn und dessen stundenlang polierten neuen Opel
und die ständig wippende Hollywoodschaukel pflanzen.
Dass es auch zu dieser Zeit einige engagierte Gartengestalter
und Gärtner gab, die sich um schöne Gärten bemühten und
diese kreierten, daran besteht kein Zweifel. Doch gesamtge-
sellschaftlich und im Gesamtbild der Städte konnten sie nur
minimale Spuren hinterlassen.

Garten und Nachkriegszeit – man mag denken, dass lebendiges Grün und die Farben der Blüten hätten Trost spenden
und Hoffnung aufkeimen lassen können. Doch fürchte ich,
dass dieser Gedanke recht abstrakt ist, ein Wunschdenken,
das an der Wirklichkeit vorbeizugehen droht. Es braucht
Zeit, in einen Boden, der Angst macht oder den die Menschen ablehnen, der ihnen unangenehm ist oder den sie mit
grausamen Erinnerungen verbinden oder gar hassen, einen
Baum zu pflanzen oder darin eine Blume gedeihen zu lassen,

die Freude bringen soll. Es braucht Zeit, bis eine Pflanze, ein Baum, eine Blume dann aber auch zum Vermittler, zur Versöhnung werden kann. Aber diese Zeit kommt, das ist gewiss.

Der Garten der Kindheit

Das Bild gibt es wirklich: Wie das kleine Mädchen mit Kopftuch und dem selbstbewussten Blick in die Welt, kaum kann es sich auf seinen Beinchen halten, eine Gießkanne hinter sich herzieht. Keine Puppe, kein Spielauto – einer Gießkanne gilt die ganze Zuneigung und Aufmerksamkeit. Auch Schaufel und Eimer können mal dazukommen. Irgendwann stemmt die Kleine mit kindlicher Kraft das Laufgitter hoch, krabbelt in den Falten ziehenden Strumpfhosen den Eltern davon, auf die Wiese hinaus, und die Mutter, italienischstämmig und später Galeristin, weiß nicht, wie sie das Mädchen zurückholen soll, weil es zwischen den Kühen sitzt, vor denen die Mutter sich fürchtet, ganz im Gegensatz zur kleinen Göre, die sich von den Tieren gar abschlecken lässt.

Bald werden aus dem Beet des Vaters die Pflänzchen geklaut, die bei ihm ohnehin nur schwer oder gar nicht angehen, trotz all seines gärtnerischen Einsatzes – in der Sandkiste hingegen wächst und gedeiht alles. Statt einer Puppenstube werden kleine Baumschulen und Gärtnereien eingerichtet, mit Zapfen ausgelegt, auch Häuser en miniature mit Gärten drum herum entstehen. Ganz nach der Art, die dem Vater, Architekt, im wirklichen Leben wichtig ist, ob im Einfamilienreihenhaus in Fuhlsbüttel oder später etwas südlicher in der Nordheide.

Und dann taucht eines Tages der Nachbar Vollrath am Gartenzaun auf, uralte sechsundachtzig Jahre sind ihm ins Gesicht geschrieben, im früheren Leben war er einmal Oberpostmeister. Er wird für die kleine Botanikerin mit der

Gießkanne bald Gesprächspartner für Stunden. Mit ihm verbringt sie ihren Tag, jeder auf seiner Seite des Zauns. Seine Leidenschaft ist der Kompost, er erklärt, wie man das macht. Aber auch wie die Johannisbeeren zu beschneiden sind und was mit dem Giersch zu tun ist, diesem lästigen Unkraut, das sich wuchernd ausbreitet und dessen Trieben die unterirdische Jagd gilt – immer nur jäten. Eine Leidenschaft wird entdeckt.

Das alles interessiert im Haus eigentlich niemanden. Doch das Mädchen genießt es, stundenlang unter den Johannisbeeren den Giersch herauszurupfen, und wenn sie am Ende der Beete angekommen ist, kann sie vorne wieder beginnen. Die frische Erde in den kleinen Händen und zwischen den zarten Fingern – das Herumwühlen im Boden artet zu einem wahren Bedürfnis aus, sehr zum Erstaunen der Eltern und zum Unverständnis der Brüder. So nimmt sie auch gern diese bezaubernden Strafarbeiten entgegen: Haben die Kinder etwas ausgefressen, werden sie in den Garten geschickt und sollen jäten. Solcherart Strafen werden zu den schönsten Erinnerungen für das Mädchen; hier kann es sich stundenlang aufhalten, selbstvergessen in der Erde stochern und wühlen, umschichten und ausreißen, harken und glätten – und nur die Amsel erinnert sie mit ihrem Zwitschern daran, dass es bald dunkel wird. Da weiß das Mädchen, dass es gleich hineingerufen wird, nachdem die Mutter es offenbar längst vergessen hat und die Brüder lange schon ihre Strafstunde abgearbeitet haben – und es hat doch noch längst keine Lust, ins Haus zu gehen, weil vielleicht gerade verzauberte Luftschlösser geträumt oder geheimnisvolle Spuren unter der Erde verfolgt werden wollten.

Stauden interessieren sie sehr und alles was blüht. Obst, das geht auch noch. Gemüse ist nicht so ihr Ding. Eine erste Geschäftsidee kommt mit der Apfelernte aus dem eigenen Garten: kleiner Verkaufsstand vor der Haustür. Aber da kommt kaum einer vorbei, und wenn, dann sind es keine Käufer, sondern Mitleids- und Gefälligkeitsabnehmer. Warum also nicht gleich auf den richtigen Markt? »Da fahren wir hin. Und stellen uns neben die anderen Händler. Und machen Unterpreis.« Während die Konkurrenz eine Mark und achtzig für das Kilo verlangt, gibt's die gleichschönen Äpfel aus der Karre der Jungbotanikerin für eine Mark. Was folgt, ist ein Bombengeschäft – und ein mahnender Drohanruf der Marktleitung bei der Mutter wegen unlauteren Wettbewerbs. Aber da sind die Äpfel schon verkauft und Brüderchen und Schwesterchen auf dem Rückweg – mit leerer Karre und vollen Hosentaschen, in denen es klimpert.

Ihre Vorlieben und besonderen Fähigkeiten, sie werden andauern und zukunftsweisend sein, wie alles hier im Garten der Kindheit. So auch das Gespräch, der Austausch mit dem Alten, seine Anregungen. Das ganze junge Leben – vielleicht trügt die Erinnerung ja ein bisschen, aber es bleibt eben so im Gedächtnis bewahrt – dreht sich um die ungleiche Begegnung am Zaun, das kleine Mädchen und der hünenhafte, gewetterte Uralte mit seinen riesigen und rissigen Händen, der dunkelblauen Baskenmütze auf dem Kopf, mit seinem nicht sehr lebendigen Garten, viel schwarze Erde, viel Gemüse, im

Herbst viele offene Flächen, viel zu ordentlich geharkt und nirgendwo ein Unkraut. Für die kleine Neugierige ist sie unendlich beeindruckend, diese erste und letzte, diese prägende Über-den-Zaun-Beziehung.

Spannend und aufregend sind diese Stunden und Tage, lehrreich und voller Faszination. Wenn in der Folge die volle Konzentration der kleinen Gärtnerin dem ausdauernden Sieben des Komposts gilt, schütteln die Eltern staunend und anerkennend den Kopf über sie, die hier ihr eigenes Revier abgesteckt hat und sich am Zaun mit dem Greis mehr austauscht als mit der eigenen Familie. Bald werden auch Pflänzchen über den Zaun gereicht, von drüben nach hüben, erste Anregungen aus einer anderen Welt. Der Alte zeigt, wie man Rosen schneidet, auch wenn es nicht unbedingt dem Standard entspricht – dies zu erkennen, wird allerdings noch ein paar Jahre dauern. Es ist ein Anfang. Die Neugier für den Garten, die Pflanzen, das Wachsen ist entfacht und lässt sich nicht stillen. Bohnen reicht er rüber für das Beet, alles kommt in den Boden, auch wenn es Gemüse ist, alles wird gehegt und gepflegt, alles lebt, alles gedeiht. Auch wie man Pflanzen stäbt, also stützt, wenn sie es nötig haben, lernt sie ganz beiläufig. Wächst etwas nicht an, kümmert eine Pflanze vor sich hin, funktioniert etwas nicht, um das sie sich bemüht hat – es ärgert sie nicht. Sie wundert sich über die Erwachsenen, die darum so viel Aufhebens machen. Alles ist von großer Geschäftigkeit geprägt, immer muss etwas getan werden, mit den Händen in der Erde. Stellt man ihr dreißig Pflanzen hin, die in den Boden sollen, dann wird das sofort erledigt, weil es

Spaß macht. Jede Pflanze bekommt noch den Wunsch mit in die Erde, dass sie anwachsen möge und dass sie Freude bringe. Und die Pflanzen halten sich daran. Es ist eine kindliche Beschäftigung voller Naivität und größtem Ernst, ein Tun, ein Leben, ein Spiel – alles zugleich. Auch das Legen von Ziegelsteinen gehört dazu, die über Wochen, einmal die ganzen Sommerferien über von einem Ort zum anderen transportiert werden müssen. Mit Akribie und Ausdauer bleibt sie dran, lässt sich nicht ablenken – vielleicht auch etwas spezifisch Weibliches in dieser frühen Kindheit? Die Brüder machen es jedenfalls anders.

Bald führt sie ihre eigenen Experimente durch, der Garten ein einziges großes Versuchsfeld. Sie probiert die Natur aus. Was kann man essen, was riecht wie und vor allem, wenn es gerieben oder zerstoßen wird? Schließlich, da ist sie schon etwas größer, versucht sie auch zu »rauchen«, zumindest nennt sie es selbst so, und zwar alles, was dafür geeignet erscheint – braune Buchenblätter und trockenes Gras sind nur ein Anfang. Sie entdeckt ein Lebensprinzip: sich immerzu fragen und zugleich wundern, sich an den Vorgaben der Natur erfreuen und diese weitererkunden. Wie sind die Menschen darauf gekommen, dass man Kaffee trinken kann, was ist da passiert? Die Bohne, eigentlich grässlich, grün, hängt am Strauch, muss erst einmal geröstet, dann geraspelt, zerstoßen werden, heißes Wasser darüber – da muss erst mal einer drauf kommen! Wer war das und wann und wo? Selbstversuche in ähnliche Richtungen gehören bald zum Garten der Kindheit.

Seit sie denken kann, ist hier ihr Reich, ihre Villa Kunterbunt. »Auf Püppi ist Verlass«, sagt der Großvater, und sie ähnelt inzwischen ganz der fiktiven frechen Schwedin, nicht nur wegen der Zöpfe, die sie mit riesigen weißen Schleifen trägt. Sie hilft dem Großvater beim Harken einer Wiese – und macht eigentlich die Arbeit fast allein. Sie sieht, was zu machen ist, lange bevor es die anderen sehen, wenn sie es überhaupt sehen. Und dann ist es auch schon erledigt. Auch dem Vater wird geholfen, wenn es um den Garten oder sonstige Betätigungen im Freien geht. Zünftig in der grünen Latzhose und mit einer Bierflasche im Gepäck – die Kleine wohlgemerkt.

Der andere Großvater, Nichtgärtner, lockt mit Heinz-Erhardt-Gedichten auf Sonntagsspaziergänge, die sie nicht mag, weil man in dieser Zeit Besseres tun könnte, eben gärtnern. Dennoch gibt es auch ein Leben jenseits des Gartens. So sitzt sie in den Bäumen der Nachbarschaft mit Freunden, geht mit ihnen auf den Fußballplatz und hütet das Tor. Nur im Garten will sie allein sein. Die anderen wollen dort auch gar nicht mithingenommen werden, denn wer geht schon gern zu Beeten und Pflanzungen? Aber im Tor darf sie trotzdem stehen. Wenn sie lieber in den Garten gehen will als Bälle halten, dann wird das akzeptiert – bei irgendeinem Gunnar oder Kai aus der Nachbarschaft hätte man da keine Nachsicht gezeigt. Am nächsten Tag stehen die Gören wieder vor der Tür, klingeln und fragen, ob die Gärtnerin ins Tor kommt – sie wird gebraucht. Und wenn sie fehlt, muss eben ein Ersatztorhüter gesucht werden. Allein sein kann sie nie, es sind immer Freunde um sie herum. Nur nicht im Garten –

aber dort fühlt sie sich nie allein. Wenn sie im Garten ist, in ihrem Revier, dann ist sie zufrieden.

Von Geheimnissen und Kräften im ersten Garten

Im Garten gibt es kein Alleinsein. Elizabeth von Arnim, für die ihr Garten, »mein Schutz, meine Zufluchtsstätte, zu der es mich hinzieht«, bedeutete, schrieb: »Mein Garten ist voller Freunde, nur sind sie – stumm.«[1] Ich fühle mich eher umgeben von Kräften, die stärker sind als wir, die keineswegs immer das tun, was wir wollen. Ganz im Gegenteil: Die Pflanzen machen, was ihnen beliebt. Das Agieren mit und gegen die Natur ist eine immerwährende Herausforderung, stets in Zwiesprache, ein permanentes Kräftemessen, bei dem wir oft die Unterlegenen sind. Bestenfalls kooperieren wir erfolgreich. Sieger sind wir eigentlich nie.

Schon als Kind war es für mich spannend wie ein Krimi: Wie viele Äpfel könnten aus einem Apfelkern kommen, wenn man den Kern einpflanzt und das neue Bäumchen pflegt, bis es Äpfel trägt? Wie viele Äpfel könnte ein ganzer Apfel mit all seinen eingepflanzten Kernen produzieren, wenn daraus Apfelbäume wüchsen? Und wie viele Bäume und wie viele Äpfel könnten wir zählen, gingen nur die Kerne aller Äpfel von einem einzigen Apfelbaum einer Ernte auf …? Am Ende solcher Gedankenexperimente stünde ein gigantisches Unterfangen, für das Kind fern von jeder Vorstellung.

In seiner einfachsten Form kennen wir das nicht erst seit dem Birnbaum des Herrn von Ribbeck auf Ribbeck im Havelland, der, bevor er starb, eine Birne in sein Grab erbat, um so den Kindern, die er immer in der goldenen Herbstzeit mit seinen Birnen erfreute, etwas zu hinterlassen – den Birnen tragenden Baum. Wir sollten den Kindern Theodor Fontanes Gedicht wieder einmal vorlesen. Und sie Apfelkerne oder Birnenkerne in die Erde stecken lassen. In einem meiner kürzlich angelegten Gärten in München habe ich zwei Apfelbäume, die die Kinder der Familie im Blumentopf gezogen hatten, in den Garten integriert. So hatte sich auch für mich ein kleiner Kreis geschlossen.

Es sind so viele Geheimnisse, die schon die Kinder dem Garten der Natur entlocken können: Ich erinnere mich, wie ich im Garten meiner Kindheit beim Sieben des Komposts plötzlich aufgebrochene Pfirsichkerne mit ihren herauswachsenden Keimen fand. Ebenso die aufgeplatzten Walnüsse, die Bäume werden wollten. Bald folgte die Erkenntnis, dass es Samen gibt, die viel Kälte brauchen, damit sie sich entschließen können, wann sie aufbrechen wollen. Steppenstaudensamen, vor allem südamerikanische, gehen erst auf, wenn sie verbrannt sind, wenn Flammen über sie gegangen sind, was ich als Kind noch nicht wissen konnte, was mich aber heute nicht weniger fasziniert. Iris und Lilien, Pflanzen, die aus der Türkei kommen, brauchen wiederum sehr viel Hitze, damit die Keimung verursacht werden kann, dazu im Gegensatz Samen aus kalten Ländern, die erst mal zwei oder drei Monate in der Kühltruhe liegen müssen, weil sonst die Keimung verhindert wird.

Bis heute kann ich mich in jedem Detail an den Pflanzplan des elterlichen Gartens erinnern, jede Pflanze, jeder Weg ist vor dem inneren Auge. Ich sehe mich durch den von ihnen angelegten Garten gehen und stumm meine Urteile fällen: Hier ein guter Bodendecker, aber ob ich das so gepflanzt hätte, eher nicht, aber ich bin ja nur zur Pflege da. Anderes wurde für schön befunden, ja bezaubernd, wie etwa jener stets blühende Knöterich, weiß, rosa, rot. Eine Aralie, im Winter mit nur drei Stämmen, mit dicken langen Stacheln, eigentlich eklig, im Sommer oben ein paar Palmwedel, das war richtig hip damals.

Später wurde ich von der Pflegerin der Beete zur Mitgestalterin. Als ich dann nach Jahren von der Umgestaltung des Gartens meiner Kindheit hörte und diese auch wahrnehmen musste, hat es mich doch sehr berührt. Zwar konnte ich den Mut der Eltern bewundern, weil sie die Veränderungen in die Hand eines wirklichen Gartenkünstlers gelegt hatten, der zudem ein recht modernes Beet schuf – aber es war doch mein Kindheitsgarten, und es tat schon sehr weh, ihn plötzlich umgegraben, umgestaltet, seines Charakters und damit aller Erinnerungen beraubt, letztlich ausgelöscht zu wissen.

Es war da einst das »Baden-Baden-Beet« zu bestaunen, mit seinem Charme einer Spielcasino-Anlage: im Mittelpunkt rote Rosen »Lilli Marleen«, eine Sorte, die vor vierzig, fünfzig Jahren auf den Markt kam, damals die Rose schlechthin. Bekannt in jeder Stadt, hat »Lilli Marleen« seinerzeit jeden Kreisverkehr aufgehübscht. Zwischen diesen vielblütigen knallroten Teehybriden standen als Kontrast weiße Margeriten – das war der Hit jener Jahre, und so sah eben auch das Beet meiner Eltern aus. Damit bin ich groß geworden, das fand ich großartig und besonders. Es war das Pendant zu einem Staudenbeet auf der gegenüberliegenden Seite. Die Rosen wurden dann müde und krank, der Garten verschattete, und so wurde ein modernes Beet angelegt.

Aber trotz der liebevollen Pflege meines Vaters starb dieses Beet eigentlich seit seiner Einrichtung langsam vor sich hin. Warum ich mich nicht eingemischt habe, obwohl es die Eltern ausdrücklich gewünscht haben (wo ich doch auch anderen Menschen von Berufs wegen den Garten mache, wie sie betonen)? Vom Garten meiner Kindheit, den es nicht mehr gibt, halte ich mich fern. Er ist mit den schönsten Erinnerungen verbunden, aber diese haben keinen Anker mehr. Der Ort, an dem er war, ist mir fremd, und zugleich ist er mir zu nahe, zu intim. Da kann ich nicht mehr in die Erde greifen. So denkt und fühlt es in mir. Aber ich schweige darüber. Denn ich lebe ja nicht mehr dort.

Erste Schritte hinaus in die Welt

Schule war frustrierend, grässlich, unschön, nichts, was ein gärtnerndes Kind interessieren könnte. Vor lauter Abneigung und Angst legte ich morgens einen Stein an das Ende der Buchenhecke, die unsere Straße flankierte, und dachte bei mir: Wenn ich hier auf dem Rückweg wieder vorbeikomme, dann hat der Stein auf mich gewartet, und alles wird dann für diesen Tag vorbei sein. Es konnte vorkommen, dass der Stein wegen irgendeiner unerwarteten, unvorhergesehenen Ablenkung vergessen wurde. Aber das Ritual versprach vorweg-

genommenen Trost. Gründe für schulische Schwierigkeiten
lieferte ich teilweise selbst, weil ich immer gegen das Unrecht
in der Welt kämpfen wollte; als Konsequenz musste ich auch
mal die Schule verlassen – nicht ohne mich nachdrücklich in
Erinnerung gehalten zu haben. Kein Wunder, dass in mir bald
das Bedürfnis entstand, der schulischen Enttäuschung und
Qual ein Ende zu setzen, mit der Aussicht, etwas zu tun, das
Freude macht.

Ein Jahr vor dem Ausstieg mit fünfzehn gab es ein Praktikum,
in einer Baumschule. Da bin ich erst einmal zu spät gekommen. Eigentlich hatte ja meine Mutter verschlafen, aber das
hätte sich als Rechtfertigung – auch damals schon – völlig
uncool angehört für eine angehende Erwachsene. Der alte
Chef nahm mich zur Seite und mahnte: Kein guter Anfang,
und wenn ich nun schon zu spät komme, solle ich gleich mal
seine Himbeeren pflücken. Nun: Wenn ich etwas mochte,
dann war es Beerenpflücken, betrieben voller Hingabe seit
dem vierten Lebensjahr. Erst mit dem Großvater, dann mit
dem Vater gar um die Wette, und immer hatte ich sie geschlagen. Meine Kanne war voll, so schnell konnte keiner gucken.
Mein Vater meinte dann entschuldigend, seine Hände seien so
groß, deshalb bekomme er es nicht so gut hin. *Speedy picking*,
das war meine Leidenschaft. Nicht nur im Garten, auch stundenlang im Wald auf der Suche etwa nach Blaubeeren.

Also, Himbeerenpflücken in der Baumschule, die ganze
Reihe. Nach einer Dreiviertelstunde brachte ich dem alten
Herrn die Himbeeren: »Was, die ganze Reihe ist schon fer-
tig?« – »Ja«, sagte ich. Er, irritiert und ratlos, grummelte: »Da

brauche ich einen ganzen Tag für … Dann kannst du ja mit
den Brombeeren weitermachen.« In Ordnung, so wurden die
Brombeeren abgeräumt. Das überzeugte.

Nun gehörte das tägliche Aufstehen um fünf Uhr in der Früh
zu diesem Praktikum, und meine Mutter glaubte, sie müsse
mit mir den Tag beginnen. Bald aber bat ich darum, allein
aufstehen zu dürfen, denn es war nicht ihre beste Zeit so früh-
morgens. Was folgte, war ein großes Freiheitsgefühl, das nun
noch zur Freude an diesem ersten Arbeiten hinzukam. Um
Viertel vor sieben hieß es, in der Baumschule anzutreten, von
dort fuhr der Bus in die Baumplantagen, die »Baumquartie-
re«. Bäumeschneiden war die Hauptarbeit. Als Praktikantin
hatte man mich das zwar noch nicht machen lassen, meine
Arbeit war das Bestreichen der Schnittstellen mit Lackbal-
sam, einem teuren, klebrigen Zeug, das das Ausbluten der
Äste verhinderte. Die Herstellerfirmen haben davon ganz gut
gelebt, heute macht man das weniger.

So waren es nicht nur meine Himbeer- und Brombeer-
Abräumerfolge des ersten Tages, die den alten Chef und
seinen Sohn ein Jahr später davon überzeugten, meinen ge-
ordneten Realschulabgang mit der erträumten Lehrstelle in
dieser Baumschule zu krönen. Bis dahin hatte es kein einziges
Mädchen gegeben, das dort je eine Ausbildung gemacht, geschweige denn angestellt gearbeitet hätte; die Arbeit sei für
Mädchen zu schwer, war die Begründung. Hier arbeiteten
hundertsechzig Männer und keine Frau, dazu um die fünfzehn Lehrlinge. Aber ich wollte partout dahin und fühlte
mich zwischen all den Männern mit ihrer großen Klappe

unendlich wohl. Schnell war zu spüren, dass durch die Anwesenheit eines Mädchens der Umgang unter den Männern anders wurde, weniger grobe Witze, zumindest wenn die junge Frau dabei war, erst Hilfestellung für das Mädchen, wenn mal die Schubkarre im Schlamm steckenblieb, bald aber halfen sich auch die Männer gegenseitig. So war ich die erste weibliche Auszubildende in der Geschichte der berühmten Baumschule Lorenz von Ehren in Hamburg. Erst kürzlich erfuhr ich von einem damaligen Gespräch zwischen dem Lehrmeister und meinem Vater, in dem sich der Meister nur Sorgen über meinen sehr ausgeprägten Freiheitsdrang und ein bisschen zu viel Selbstbewusstsein machte. Sehr frei kleine und auch große Entschlüsse fassen, schnell entscheiden, was für mich richtig und falsch ist – das wollte und das tat ich tatsächlich.

Die Berufsschule erlebte ich mit vielen zukünftigen Friedhofsgärtnern, denn Olsdorf, dieser größte Parkfriedhof der Welt, war ja nicht weit – mit Hunderten Auszubildenden. Eine seltsame Spezies, diese »Grufties«. Sie hatten immer die besten Witze parat. Zum Beispiel: In Olsdorf hat man schon im ersten Lehrjahr Tausende unter sich … Sie hatten keine Ahnung von Pflanzen – bis auf Heide und Chrysanthemen, dazu noch ein paar Bodendecker und Schnittgut zum Abdecken im Winter, nicht unbedingt aufregend, aber ausreichend für ihre Zunft.

Als gelernte Baumschulerin (bitte nicht Baumschülerin!) hatte ich allerdings schon während der Lehre festgestellt, dass ich nicht mein Leben lang Bäume beschneiden oder ausgraben wollte. Ich ging deshalb dann doch noch einmal auf die Schulbank zurück, denn nun wusste ich, wofür das Lernen gut sein kann und Sinn macht: als Voraussetzung für ein Fachstudium der Garten- und Landschaftsarchitektur. Lernenwollen war durch Lernenkönnen belohnt worden: Plötzlich waren alle Fächer topp, das Fachabitur entsprechend brillant.

Fern der norddeutschen Heimat wurden tief im Süden gerade per Anzeige »Führungs«-Kräfte für die IGA, die Internationale Gartenausstellung 1983 in München gesucht. Ein grüner Trupp sollte sich von der Stadt aus um alles kümmern, was die anderen beim Aufbau vergessen hatten, oder als Feuerwehr schnell bewerkstelligen, worüber zuvor nicht oder längst zu spät nachgedacht wurde – also Panikarbeit. Die Idee gefiel mir, obwohl oder gerade weil ich mit neunzehneinhalb die Allerjüngste war, die sich um diesen Job bewarb. Ich sprach vor und erklärte: Ja, so einen Trupp zu führen traue ich mir auf jeden Fall zu. Nach Erfahrung gefragt, antwortete ich, dass ich keine habe, diese aber gewiss schnell hätte, wenn man mich nur machen ließe. Man staunte und wollte es ausprobieren, auch weil bereits große Verzweiflung herrschte und Zeitnot und Arbeitspensum zum Handeln zwangen. Der große Spaß bestand für mich vor allem in der Konfrontation mit einer übergroßen Fülle an Pflanzen, aber auch mitarbeitenden Menschen, später den Tausenden Besuchern, die täglich zur Ausstellung kamen, schauten und Fragen stellten – die häufigste allerdings war die nach den Toiletten. Es ist, so weiß ich heute, die meistgestellte Frage in Gärten, vielleicht noch nach der nach dem Ausgang – selbst im größten botanischen

Garten der Welt. Man darf nicht glauben, dass die Leute immer nur intelligente Fachfragen stellen.

Bei dieser Ausstellung habe ich viel gesehen, internationale Gärten, Rosengärten, einen wunderbaren Staudengarten, der bis heute Bestand hat. Ein erstes Schlüsselerlebnis, was die Vielseitigkeit betrifft, die im Garten möglich ist. Dann folgte ein Jahr Gärtnerarbeit bei einer Gartenbaufirma in München, was ein bisschen zu hart war, denn am Ende stand ich da mit einem kaputten Rücken und dauernd kalten Händen.

Horticulture in Kew

Als ich zum Studium nach England ging, wusste ich eigentlich nicht viel mehr von dem Land als das, was mir meine italienische Großmutter erzählt hatte: Dort leben nur Banausen. Liebe Omi, welch ein Irrtum!

In England fand ich einen Studienplatz am Botanischen Garten in Kew. Hätte ich davor auch nur eine Ahnung davon gehabt, dass ich hier am bedeutendsten Institut landen könnte, das es weltweit für meine Interessen gibt, ich wäre wohl nicht ganz so locker, naiv, sorglos und fast frech an die Sache herangegangen. Es waren Freunde, die mich zur Bewerbung angeregt hatten, und durch einen Computerfehler kam ich nach England. Dort wurde ich aus etwa vierhundert Bewerbern nach Kew zum Aufnahmegespräch ausgewählt. Sechzehn sollten am Ende eines der begehrten Stipendien bekommen, darunter nur ein Ausländer. Ich sprach kaum Englisch, hatte aber einen Vortrag vor einer Auswahlkommission zu halten. Den schrieb ich zusammen mit einer Freundin, die ihn auch übersetzte, dann lernte ich das Ganze auswendig. So konnte die erste Hürde genommen werden.

Danach gab es eine Fragerunde mit Experten. Mir war von vornherein klar, dass ich die englischen Fragen kaum oder gar nicht verstehen würde. Also hatte ich drei oder vier ausweichende Gegenfragen vorbereitet. Meine Antwort auf die letzte unverstandene Frage lautete dann: »I think we don't have those in Germany!« (Ich glaube, das haben wir in Deutschland nicht.) Dass ich diesen Joker ausgerechnet auf die Frage »What do you know about trace elements?« (Was wissen Sie über Spurenelemente?) anbrachte, also in Bezug auf Mineralstoffe, die in Pflanzen in sehr geringen Mengen vorkommen, sogar in Deutschland, brachte mir ein schallendes Gelächter der beisitzenden Weltexperten und Professoren ein, und damit die Gewissheit, mit meiner Antwort doch ein bisschen daneben gelegen zu haben.

Die Runde hatte schnell entschieden: Den einzigen Studienplatz, der hier in diesem Jahr an einen Studenten aus dem Ausland zu vergeben war, sollte ich bekommen – und in den Monaten darauf, als ich die ersten unsicheren Schritte durch Kew Gardens machte, grüßten mich einige Beisitzer aus der Aufnahmeprüfung und auch der Direktor von Kew ganz besonders freundlich, lachten mich an und fragten nach, ob es in Deutschland inzwischen Spurenelemente gebe. Die Geschichte verfolgte mich noch lange, aber sie war zugleich untrennbar mit meinem unverhofften Eintrittsbillet für Kew verbunden. Erklären kann man das nicht. Aber es zeigt, dass zum Leben immer auch ein Quäntchen Glück gehört.

Nun folgten die Qualen: Nachts lag ich im Bett, damals noch mit dem Walkman, und lernte Vokabeln, wochenlang, monatelang, und war so verzweifelt, dass ich irgendwann dachte, eher sprechen morgen alle Engländer deutsch, als dass ich das mit dem Englischen jemals schaffe. Meine englischen Studienkollegen kamen aus den Vorlesungen und sagten, sie hätten kein Wort verstanden. Was sollte ich, die anfangs wirklich kein Wort verstehen konnte, da antworten! Während sie das Fachliche nicht begriffen hatten, um das ich mir noch gar keine Sorgen zu machen brauchte, hatte ich nicht einmal die Wörter verstanden. Aber dennoch blieb ich dran und quälte mich durch, ich habe gemacht und getan, was ich nur konnte. Später nach dem Studium in Kew hing ich noch ein zweites dran, Landschaftsarchitektur, neben der Vollzeitberufstätigkeit – ich hatte mir wirklich nicht den leichtesten Weg ausgewählt, bin im Jahr vierzigtausend Meilen mit dem Auto nach Greenwich und nach Birmingham an die Unis gefahren und habe an den Wochenenden alle Gärten Englands abgeklappert, um sie zu sehen und in mir aufzunehmen. Ich habe ihre Aura aufgesogen – aus erster Wissensbegierde wurde eine Besessenheit, eine Neugier und eine leidenschaftliche Suche nach immer mehr Wissen. Aber nach welchem Wissen?

»Horticulture« heißt das Studium in Kew Gardens, wo über allem und vor allem die Pflanze und ihre Kultivierung steht, der Anfang und das Ende jeder Gartenkultur. Aber es sollte noch eine ganze Weile dauern, bis ich das verstanden hatte. Zunächst ging es monatelang um Bodenkunde, Chemie und Physik und die Frage, warum bestimmte Pflanzen bestimmte Böden brauchen. So wie man ein spezielles Benehmen kultiviert, so kultiviert man das Verhalten der Pflanze. Aber es gibt Grenzen, und an denen kann das Domestizieren zur Vergewaltigung verkommen: Kakteen können nicht an einen feuchten Torfboden gewöhnt werden, sie werden eingehen. Das heißt, die Kultivierung einer Pflanze hat die Bedürfnisse der Pflanze zu berücksichtigen und zu achten – aber dafür müssen diese Bedürfnisse überhaupt erst einmal verstanden werden.

Kultivierung ist ein langer Lernprozess, kompliziert und komplex aufgrund unendlich vieler Faktoren, die uns zusammengenommen einen Einblick in die Bedürfnisse der

Pflanzen vermitteln. Wir verstehen dann etwa, warum die mediterranen Pflanzen wie Rosmarin oder Lavendel so schmale Blätter, eher wie Nadelgehölze, und keine dicken, fleischigen, silbergrauen Blätter haben: weil es so heiß ist und weil wenig Wasser und Nährstoffe zur Verfügung stehen. Die Natur passt sich an die Hitze durch tief greifende Wurzeln an, die sich unten sogar zwischen die Felsspalten hineinarbeiten. Oben wird zugleich ein Verdunstungsschutz gebraucht. Die Pflanzen könnten mit großen Blättern in der Hitze nicht umgehen, eine verstärkte Fotosynthese wäre ihr Tod. Dafür behalten sie die Blätter dann auch im Winter, wo sie mit dem wenigen, was sie haben, den Speicherorganen, diesen Nadeln, weiterleben können. Im darauffolgenden Sommer ernähren sie sich davon, was sie in den Nadeln angesammelt haben. So ist es leicht zu verstehen, dass solche Pflanzen nicht besonders gern »schön nass« stehen, denn sie verfügen über Organe, die einem permanenten Wasserkreislauf nicht standhalten können.

In seinem ersten Jahr in Kew Gardens nun hatte jeder Student seinen eigenen Gemüsegarten mit allem denkbaren Gemüse, dazu allwöchentliche Pflanzentests, in denen das gelernte Wissen um Art, Spezies, Familie, Herkunftsland und vielem mehr nachzuweisen war. Heute beherrsche ich wohl so um die sieben- bis neuntausend Pflanzennamen, leider nur in Latein, die deutschen Namen kenne ich nicht wirklich. Besonders der Speziesname und die Bezeichnung der Subspezies bieten oft Hinweise, welchen Boden oder welches Klima eine Pflanze braucht, oder sie weisen auf ihre Herkunft hin.

Das zweite Studienjahr widmete sich der Wertnutzung, der Economic Botany, also der ökonomischen Botanik. Hier geht es nicht um irgendwelche standortgebundenen Gemüse, hier geht es um eine Werte pflanzende Welt, um die Kultivierung von Pflanzen, von denen große Teile der Weltbevölkerung leben und ganze Völker abhängig sind: Reis, Kartoffeln, Mais, Getreide, Zuckerrohr, Kaffee, Tee, Bananen, es geht um deren Herkunft und Besonderheit.

Economic Botany ist ein ganz außerordentliches Fach. Jeder Student beschäftigt sich mit einer Pflanze, wobei ich mir etwas Genüssliches ausgesucht hatte: italienische Rebenweine. Dazu musste ich nach Italien, zwei, drei Monate Florenz, ich reiste von dort durchs Land, studierte Renaissancegärten und Weinreben hinsichtlich ihrer Eignung, ihrer Resistenz gegenüber Krankheiten, die Qualitätsunterschiede von Weinanbaugebieten, nicht nur in Italien und Europa, auch in Kalifornien oder Afrika.

Kew Gardens ist einer der wichtigsten Orte, an dem, wann immer es in der ökonomischen Botanik eine Krise gibt, Programme zur Beseitigung der Schwierigkeiten entwickelt werden. So zum Beispiel, als vor vierzig Jahren die Bananenpflanzen weltweit starben, weil sich ein sogenannter Bananenbohrer ausbreitete, ein Schädling, der zur existentiellen Gefahr für die Pflanze wurde. Die Kenntnisse über die Kultivierung der Banane waren bis dahin in den tropischen Ländern nur unzureichend, und da die Banane übermäßig in Monokulturen angebaut wurde, konnten die Schädlinge zielsicher und radikal ganze Arbeit leisten. So schnell, wie dort alles wächst, vermehren sich auch die Schädlinge. Damals wurde Kew Gardens eingeschaltet, es kam zu neuen resistenten Selektionen, und heute wissen wir ja, dass wir wieder beziehungsweise weiterhin Bananen in den Regalen der Supermärkte finden.

Womit die Pflanzen oder Früchte vor Schädlingen schützen, wie sie verarbeiten, wie lagern – alle Aspekte, bis sie als Produkte bei uns auf den Teller oder in die Tasse kommen, gehörten zum Studium. Im dritten Studienjahr kamen schöngeistige Dinge dazu: Malen, draußen in der Natur Bäume zeichnen, Blumen, Blüten und Fruchtstände aufschneiden und skizzieren, der Frage nachgehen, wie sich im Apfel der Kern entwickelt. Über den ganz praktischen Umgang mit den Dingen der Natur lernten wir deren Komplexität verstehen. Kew-Studenten haben dabei stets die Malerei von Marianne North vor Augen, einer auf botanische Motive spezialisierten Künstlerin des neunzehnten Jahrhunderts – sie war mit Darwin befreundet und ungewöhnlich weit gereist für eine Frau in jener Zeit, bevor sie 1890 mit sechzig Jahren starb. Sie malte Pflanzen aus aller Herren Länder, auch vor Ort etwa in Australien, Indien, Brasilien und auf den Seychellen. Sie sezierte die Pflanzen, öffnete die Samen, um sie dann sehr groß, sehr schön, getreu nach der Natur zu zeichnen oder in Öl zu malen. Ihr Werk ist in der nach ihr benannten Marianne North Gallery im Botanischen Garten von Kew ausgestellt.

Ich habe auch diesem dritten Jahr in Kew viel zu verdanken: Heute kann ich viele Hunderte von Bäumen allein an der Rinde, nahezu alle europäischen Bäume an ihren Knospen und am Holz, somit auch im Winter ohne Blätter, erkennen. Wir mussten lernen, viele Pflanzen an ihrer Saat zu bestimmen, haben studiert, wie die verschiedenen Saaten zu behandeln sind, ob man sie brennen oder tieffrieren, anfeuchten oder trocknen, warm und modrig halten oder den Samen sonst etwas »antun« muss, um sie zum Keimen zu bringen.

Bald stand der Unterricht in Gartengestaltung auf dem Plan, dreistündige nächtliche Vorlesungen bis dreiundzwanzig Uhr, über Wege, Poller und Plattenmaterial. Der dicke, alte Professor, Hochbauarchitekt und spezialisiert auf Materialkunde, sprach über Wegebeläge aus der ganzen Welt, überall war er selbst gewesen und hatte entsprechendes Bildmaterial, Tausende Dias, für seine Vorträge mitgebracht. Er kannte einfach alles: Beton, Sandstein, Kalkstein, Travertin, er wusste, wie Marmor im Garten reagiert, wenn er nass wird – am Ende waren es die schönsten Vorträge meines Lebens, ich folgte ihnen voller Faszination, während sich die Botaniker wohl eher langweilten. Es waren Vorträge, die mich auf das vorbereiteten, was ich einmal machen wollte. Diese Stunden haben mir die Augen geöffnet und mich in meinem Wunsch, Gartengestaltung zu erlernen, bestärkt.

Kew gibt seinen Studenten ein Wissen mit, das in seiner Vielfalt, Reichweite und Komplexität momentan einmalig ist auf der Welt. Es dringt hinsichtlich Gartenkultur in die tiefsten Tiefen und die abseitigsten Bereiche vor, bis hin zum Parkmanagement, zur Maschinenkunde oder der Kenntnis, wie viele Schnitte ein Spindelmäher pro laufendem Meter auf einem Golfplatz leistet. Ein hartes Studium, vielleicht eines der aufwändigsten überhaupt.

Man arbeitet das ganze Jahr über im Botanischen Garten, mit den Händen ab morgens um acht Uhr, immer drei Monate in einer anderen Abteilung. Man lernt die Pflanzen vieler Kontinente kennen, draußen oder in den Gewächshäusern, mal im Alpinenhaus oder im Tropenhaus, im temperierten Haus, im Australienhaus oder im Wasserlilienhaus, und dann, vor allem nachmittags ab vier Uhr und abends bis zehn, auch mal bis elf Uhr, besucht man Vorlesungen und arbeitet an zahlreichen Projekten. Geschrieben werden nebenbei noch fünf oder sechs »Diplomarbeiten«, fast in jedem Fach eine – dieses Studium war ohne Frage bis heute meine größte Herausforderung, aber auch eine der schönsten Zeiten meines Lebens. Dass ich nicht aufgegeben habe, verdanke ich allerdings nicht nur meinem Durchhaltevermögen, sondern auch all den bezaubernden Engländern um mich herum, die unermüdlich behaupteten: »You will be alright« (Am Ende wird alles gut sein). Und meiner einzigartigen Landlady Nancy Cooke, natürlich eine Gartenbesitzerin, die unermüdlich an meinem englischen Wortschatz arbeitete. Die schönsten Lernpausen in diesen Jahren, an die ich mich erinnere, waren jene, in denen ich auf der Treppe des großen Hauses an der Themse saß und der damals schon achtzigjährigen Nancy und ihrer sechsundneunzigjährigen Klavierlehrerin Ruby beim Spielen vieler, vieler Chopin-Sonaten zuhörte. Sie spielten nicht unbedingt fließend, aber dennoch zauberhaft und von mir als lebensrettend empfunden.

Die meisten Kew-Absolventen bleiben natürlich in der Gartenkultur, viele werden Direktoren von Botanischen Gärten in der ganzen Welt, so wurde einer meiner Kommilitonen Direktor in Madagaskars Botanischem Garten. Nur nach Deutschland geht man nicht so gern, weil hier sehr reglementierte Auflagen bestehen und zu wenig Freiraum gegeben ist, um zum Beispiel einen bestehenden Botanischen Garten auch mal modern und hip zu machen.

Was mir bis zum Ende meines Studiums nicht bewusst war: Wer ein Kew-Zeugnis vorweisen kann, für den gibt es keine Not, keine Angst vor der Zukunft. Viele Kew-Studenten sind schon vergeben, bevor sie ihren Abschluss haben. Als ich mich nach meinem Studium um einen kleineren Job bemüht hatte, saßen da sechs Bewerber in einem Vorraum, man unterhielt sich und tauschte irgendwann die jeweilige Herkunft aus. Der eine kam aus Reading, die anderen von hier und da und dort, und einer drehte sich fragend zu mir um: Aus Kew, sagte ich. »Na, dann können wir ja alle gleich nach Hause gehen«, war die einhellige Meinung, eine durchaus übliche Reaktion, wie ich bald feststellen sollte.

Der eigene Garten – leider Vergangenheit

In England wohnte ich zwischen London und Bristol in der Grafschaft Oxfordshire, in den Cotswolds, gern als Herz Englands bezeichnet und seit den Sechzigerjahren offiziell als *Area of Outstanding Natural Beauty* betitelt, als Region außergewöhnlicher Naturschönheit. Ich lebte hier in einem ganz besonderen Ort, der als Ganzes unter Denkmalschutz steht: keine Straßenlaternen, weshalb die Gäste im Dunkeln auch öfters mal in den Straßengraben fielen, riesige Buxus-Hecken vor den Häusern, alles Gemauerte aus dem honigfarbenen Cotswold-Kalkstein, ein Dorf wie bei Rosamunde Pilcher oder Agatha Christie und fast so kitschig. Diese beliebte Filmkulisse gehört zusammen mit etwa vier weiteren Dörfern dem National Trust, einer Organisation mit einigen Millionen Mitgliedern, die sich dem Erhalt solcher Anlagen oder auch Kirchen, Mühlen, Küstenstrichen, aber ebenso Gärten und sogar Sammlungen von Rasenmähern und Fleischklopfern widmet.

Gebaut wurden die Häuser ursprünglich für die Angestellten eines Lords. Zu jedem Dorf gehörte ein Manor House, also ein Herrenhaus, in unserem Dorf war dieses leider abgebrannt. Heute sind die Angestellten des National Trust für den Erhalt dieser Gebäude zuständig. Ich fühlte mich hier sehr privilegiert. Im Ort versteckt sich auch der legendäre Beatles-Produzent George Martin, weshalb die Beatles bis heute, soweit sie noch leben, ab und zu hier vorbeikommen – es ist ein *best kept secret*, ein wohl gehütetes Geheimnis. Unten auf der Wiese steht noch ein kleines Cottage, in dem die Beatles früher oft für Bandproben zusammengekommen sind.

Mein Garten, das war ein in den über zwanzig Jahren, die ich hier wohnte, gewachsener Garten, in dem ich gemeinsam mit Isabelle Van Groeningen gärtnerische Ideen ausleben konnte, der immer erweitert und ergänzt wurde. Die Grundstruktur war natürlich geplant, Vorgarten, Hausterrasse, Beetanlage, Nutzgarten mit Gemüse, Anzuchtbeete, Plätze zum Sitzen, Staudenrabatte, der Raum für die Hängematte, Hecken, große Apfelbäume – und ganz am Ende des Gartens eine Holzterrasse, genannt die »Gin-Tonic-Terrasse«, weit genug entfernt vom Haus, damit wir bei schönem Wetter den längsten Weg dorthin hatten. Zwei Stühle und ein Tischchen mit dem schönsten Blick hinaus auf die Felder und die Pferdekoppel, auf die traumhafteste Landschaft, die ich kenne – einfach grandios zum abendlichen Sitzen im Sonnenuntergang, zum Vergessen des Alltags.

Und zwischendrin die Hühner. Ja, wir hatten tatsächlich auch Hühner. Das war eine spontane Idee. Nachdem ich sie eines Tages bestellt hatte, fragte Isabelle leicht aufgebracht:

»Und wohin sollen die kommen?«

Wir hatten ja keinen Rasen, weil wir nie Rasen wollten.

Mein Vorschlag: »Zum Nachbarn, auf seine Wiese ganz hinten, der benutzt die ohnehin nie, und Kinder hat er auch nicht.«

»Aha, aber hast du schon gefragt?«

»Nein, das mache ich, wenn die Hühner da sind. Dann ist es leichter.«

Dann kamen die kleinen kuscheligen Viecher. Ich ging mit ihnen zum Nachbarn, fragte, ob das in Ordnung sei mit dem

Hühnerstall ganz hinten auf seinem Rasen, füttern täten wir sie dann bei uns. Er fand das toll. Genau so sind sie, die Engländer. Es war vielleicht frech, aber es hat funktioniert – lange Zeit jedenfalls. Die Hühner kamen morgens aus ihrem Häuschen zu uns in den Garten zum Füttern und blieben auch über den Tag.

Es waren ganz besondere Hühner, mit denen sich auch der Nachbar schmücken konnte: »Designer«-Hühner! Sie hatten Puschelfüße, mit denen sie nichts kaputt machen konnten, während normale Hühner bekanntlich scharren. Unsere, also der Hahn Henry I., später Henry II., die weiße Matilda, die gescheckte Brunhilde & Co., alle hatten Namen, achteten immer darauf, dass ihre »Moonboots« nicht schmutzig wurden. Einziger Nachteil: Sie vertilgten schneller als wir hinsehen konnten unsere reifen Erdbeeren, was sie allerdings mehr als wettmachten, indem sie den Garten traumhaft schneckenfrei hielten.

Später allerdings haben wir dann doch ein kleines Rasenstück im eigenen Garten für unsere Lieblinge hergerichtet. Aber irgendwann war der Hahn den Nachbarn zu laut, die Hühner legten kaum Eier, wie das die Designer-Hühner so an sich haben – höchstens alle ein bis zwei Wochen mal ein Ei, mühselig, unzuverlässig –, und schließlich hatte auch Popstar Madonna Hühner, die gleichen wie wir, plötzlich waren Designer-Hühner bei allen Schönen und Reichen absolut in. Gründe genug, um unsere Hühner aufzugeben. Vorreiter gewesen zu sein, das war in Ordnung, aber auf der Welle weiter mitschwimmen, das musste nicht sein. Der Dorfzüchter unserer Hundertachtzig-Seelen-Gemeinde, der sich unserer Hühner, die immerhin eine besondere Züchtung waren, angenommen hatte, schickte später Bilder von ihren Küken. Sie hatten also eine Zukunft.

In England gab es eine Phase, in der Hühner häufig zum festen Bestandteil des Gartens wurden – nicht gleich dreißig Stück, sondern nur als kleines lebendiges Element: ein Hahn und drei Hennen. Ganz romantisch. Ein Huhn im Garten herumlaufen zu lassen, das gibt ein anderes Lebensgefühl, und es komplettiert das Bild der Gesamtinszenierung »Wohnen auf dem Land«.

Unser Garten war – nicht ausschließlich, aber auch – zum Experimentieren angelegt. Anfangs war das nicht ganz einfach, weil der Boden durch unsere Vorgänger als unkrautfreies Gelände der DDT-Generation hinterlassen worden war, also ohne Bodenleben. Als er dann wieder zu sich selbst gefunden hatte, erwies sich der Boden als jene traumhafte englische Sorte, bei der man den Finger in den Boden steckt und dann aufpassen muss, dass er nicht anwächst.

Hier konnten wir Dinge ausprobierten, zu denen wir gerade Lust hatten, wonach uns der Sinn stand. Wir versuchten so oft wie möglich, die neuesten Neuheiten zu bekommen, suchten heraus, was uns gefiel, pflanzten es mal hier, mal dort, beobachteten, wie es sich ausbreitete, wie man die Pflanzen teilen konnte, wie dick oder wie schmal sie wurden und so weiter. Mal wollten wir den weißen Garten vergessen und es mit einer gelben Ecke versuchen oder andere Farben daruntermischen. Geradezu lustvoll sind wir ins Gartencenter gefah-

ren und haben eingekauft, ziellos. Wir haben uns verführen
lasen und nahmen mit, was unsere Aufmerksamkeit auf sich
lenkte oder was wir schon immer haben wollten.

Im Garten geht es ja nicht nur um die Blütezeit einer Pflanze.
Ich will auch sehen, wie groß ihre Chance ist, den Winter zu
überleben, was in England durchaus anders ist als in Berlin, in
Warschau oder gar in Moskau. Und wie sie aussieht, wenn sie
verblüht ist, ob sie runtergeschnitten werden muss und damit
große, öde Lücken hinterlässt oder ob sie ein Blickfang für
den Frost werden kann. Ich will wissen, wie stabil sie ist und
ob sie sich nur durch Stäben aufrecht hält, wie weit sie sich um
sich selbst kümmert oder ob sie ständig Hilfe von außen be-
nötigt. Ich will erfahren, wie hoch sie wird, denn eine Pflanze,
die in den kurzen heißen Sommermonaten Polens über zwei
Meter hoch wird, kann gut und gern in England auf sechzig
Zentimeter Höhe vor sich hinkümmern. Einige Gräser säen
sich im Norden weit weniger aus als im Süden der britischen
Insel. Selbst mit einer wunderschönen Rose (Rosa Tuscany
Superb) hatten wir uns einmal völlig verschätzt: Sie begann
langsam aber sicher den kompletten Vorgarten zu übernehmen und entwickelte Ausläufer, die sich im ganzen Garten
zeigten, sogar durch den Asphalt trieb sie ihre Wurzeln. Ihre
Ausbreitung geriet zur Katastrophe. Selbst mit tiefem Ausgraben wurde man ihr kaum Herr. Ich war vor dieser Rose
gewarnt worden, hatte das aber immer weggelacht. Und im
tiefsten Herzen liebe ich es ja doch, wenn uns die Pflanzen
zeigen, dass wir uns immer wieder einmal irren. Wir glauben
zu oft, dass wir das alles beherrschen.

Zeitweise hatten wir Dinge im Beet stehen, die sich derart ausgesät haben, dass wir dachten, nur umziehen könnte noch helfen. Da gab es invasive Stauden, zum Beispiel Verbasum, bei denen wir uns selbst fragten, wer das nur in den Garten gebracht hatte. Meist war ich es gewesen, weil ich allen Warnungen oder gut gemeinten Ratschlägen erst einmal keinen Glauben schenken will. Von der Blütenpracht völlig begeistert und überzeugt, bin ich immer sicher, die Ausbreitung unter Kontrolle halten zu können. Ich liebe diese Herausforderungen. Und doch bekenne ich eine gewisse Naivität, derer ich mich nicht schäme und die ich erst recht nicht ablegen möchte.

Oftmals sind die schönsten Kombinationen, was Farbe und Erscheinungsbild eines Beetes betrifft, mit einem gehörigen Schuss Zufall entstanden. Immer und immer wieder überrascht die Natur, sei es, dass wir sie für einen Moment aus den Augen verlieren oder ihr so viel Spielraum lassen, dass sie etwas anderes schafft, als wir geplant haben.

So kann es durchaus passieren, dass ich eines Tages eine wundersame Entdeckung mache, mich frage, wer das hierhin gepflanzt hat, eine ganz entzückende Ergänzung in einem Beet – und es war die Natur selbst, die hier Hand angelegt hat. Wir brauchen dann nur die Sensibilität und die offenen Augen, dies zu sehen und zu erkennen, um uns daran zu erfreuen. Und als Gartenprofi nehme ich solches Erkennen dann in meinen Wissenskanon auf, angeeignet, abgespeichert und abrufbar in der Zukunft, um in andere Gärten weitergegeben zu werden.

Auch der Blick in fremde Gärten war für mich gerade in England von besonderem Reiz, ich konnte schöne Ideen entdecken oder auch von schlechten Beispielen lernen. In diesen Momenten ließ sich gut erkennen, warum etwas Schönes schön ist, und dass es grundsätzlich kaum Falsches gibt. Wenn in Beeten etwas danebengegangen ist, etwa hinsichtlich einer Farbe in der Gesamtpalette oder der Abstimmung verschiedener Pflanzen in Höhe und Form, dann ist diese Erkenntnis ebenso wertvoll wie die Entdeckung von etwas wirklich Einzigartigem. Meist sind nicht der Garten oder das Beet als Ganzes, nicht die gesamte Farbzusammenstellung oder das komplette Erscheinungsbild Anlass dafür, dass wir uns unwohl fühlen, dass kein Funke überspringt oder wir etwas als Fauxpas empfinden. Manchmal sind es nur ein, zwei kleine Details. Aber diese nehmen wir nur wahr, wenn unsere Sinne und unsere gärtnerische Aufmerksamkeit geschärft sind. Hierzu tragen Erfahrung und die Liebe zum Gärtnern, dem eigenen und dem fremden, ganz entscheidend bei.

Deutschland : England

as ist ein Klassiker, zumindest im Fußball: England gilt als Mutterland dieser Sportart, Deutschland hingegen sonnt sich im Erfolg eines dreimaligen Weltmeisters. Ein großer englischer Fußballer sagte einmal zu dieser Konkurrenz: »Fußball ist ein einfaches Spiel: Zweiundzwanzig Männer jagen neunzig Minuten lang einem Ball nach, und am Ende gewinnen die Deutschen.«

In fünfundzwanzig Lebensjahren in England habe ich die Fußballkenntnisse meiner Jugend kaum erweitert, dafür aber nachdrücklich und eindrucksvoll erfahren, wie sich die beiden Länder im Umgang mit dem Garten unterscheiden. Nur bin ich, was das *gardening*, das Gärtnern betrifft, noch nicht auf eine so schlichte Formel wie der zitierte Fußballer gekommen. Doch ich würde sagen, dass an deren Ende allerdings ein anderer Gewinner stehen könnte – derzeit noch.

Als ich in England die ersten Schritte tat – und ich konnte ja in meinem ersten Studienjahr schon recht gut aufrecht gehen –, wurden mir gleich die Augen geöffnet: dafür, wie die Menschen dort mit dem Garten umgehen, wie sie ihn zum Teil des Lebens machen. Es ist kein *conversation killer*, wenn man in England über seinen häuslichen Garten oder über Gärten ganz allgemein spricht. Das macht dort jeder. Ganz gleich, wo man sich aufhält, egal, was man unternimmt. Man zieht es vor, nach der Arbeit abzuschalten und von den schönen Dingen zu sprechen, nicht über die Probleme und die Kosten des Tages zu sinnieren und sie in verschiedenen schlechten Variationen zu zerkauen. Die einen sind stolz auf das Paradies vor der eigenen Haustür, die anderen interessieren sich für Neuigkeiten aus der Gartenwelt, brauchen einen Tipp für die Rosen oder unterhalten sich über den Gewinner der laufenden Gartenshow.

Das »Paradies vor der eigenen Haustür«, wie der Engländer seinen Vorgarten tatsächlich definiert, beginnen wir in Deutschland erst allmählich zu entdecken. Es sind hierzulande oftmals Flächen, die vor allem zum Autoparken und Wagenwaschen benutzt werden oder die hinter dem Haus als Schuppen, Grillplatz und Mülleimerdepot dienen – Flächen, die auf schönere Tage warten. Das Gespräch über den Garten oder das Pflanzen hat hier wenig Charme, eher dann doch die Plauderei über das neue Auto, die Bundesliga, den letzten *Tatort* oder die Schlagzeile in der *BILD* vom Tage, und vor allem wird der Preis für alles hinterfragt und ausgetauscht. Eigentlich ist der Garten hier auch eine Angelegenheit der Frauen. Nicht ganz so rollenklischeehaft wie die drei Ks, Kinder, Kirche, Küche, aber tatsächlich sind die Männer eher die Sachverwalter von Grill, Rasenmäher und Motorsäge. Pflanzen, Blumen, Unkraut – das sind die Domänen der Frauen. Und für Kinder kann es zur Strafe werden, im Garten zu wirken.

In England hingegen ist der Garten alles andere als unmännlich. Englische Männer fachsimpeln gern über Dünger und Rosensorten und natürlich über Maulwürfe. Offenbar sind englische Männer generell femininer, denn selbst unter Bankern und Wirtschaftstycoonen sind Blumensorten ein Thema. Garten verbindet Arm und Reich, Jung und Alt, Männer und Frauen, sogar Fußballer und Operndiven.

Das feuchte und milde Klima ist natürlich ein Heimvorteil
für die Engländer mit ihrem Nebel und Nieselregen und der
erträglichen Kälte im Winter. Während der Temperaturun-
terschied auf der Insel kaum mehr als dreißig Grad Celsius
beträgt – zwischen den Sommern mit fünfundzwanzig Grad
und einem Winter mit kaum weniger als minus fünf oder acht
Grad –, kann eine Berliner Pflanze durchaus der doppelten
Temperaturschwankung ausgesetzt sein: von vierzig Grad
im Sommer bis zu minus zwanzig im Winter. Daher können
die englischen Gärtner fast zwei Drittel mehr Pflanzen verwenden und tun das auch, ein Großteil der Flora von ganz
Neuseeland und Australien kann hier überwintern, zudem
Pflanzen aus Afrika und der Karibik.

Aber mit dieser größeren Auswahl wüssten wir hier momentan auch kaum etwas anzufangen. Was nicht zum
Heidekraut passt, wird erst einmal mit Skepsis betrachtet.
Ich bezweifle, dass wir das Potenzial, das uns mit unseren
mitteleuropäischen Pflanzen zur Verfügung steht, überhaupt
jemals entdeckt, geschweige denn schon einmal ausprobiert
haben, denn hier wurde in den vergangenen sechzig Jahren
nicht aktiv gegärtnert. Wenn Landschaftsarchitekten ihren
Kunden das Gärtnern einmal schmackhaft machen wollten
und sich trauten, eine Staudenrabatte zu pflanzen, ernteten
sie Widerspruch: Man wolle doch nicht so viel Arbeit haben,
es solle bitteschön pflegeleicht sein, lieber Efeu bitte.

Das eigentliche Geheimnis im Umgang mit dem Garten liegt
darin, dass der Engländer außerordentlich viel in seinen Garten hineingibt: Geduld, Liebe und ständige lustvolle Pflege –

er füttert ihn regelrecht damit. Und zweifellos investiert er auch Geld, aber das ist hier Mittel zum Zweck, nicht heiliger Mittelpunkt. Unserer Mentalität entspricht es hingegen eher, dass wir eine Pflanze in den Boden stecken, und diese soll möglichst sofort etwas bringen. Geht sie aber ein, geben wir entweder gleich wieder auf oder versuchen es erneut – vorzugsweise mit der gleichen Pflanze, der es gerade an dieser Stelle nicht gefallen hat. Geht die neue wieder ein, kommt der nächste Versuch – das wäre doch gelacht, wenn wir das nicht schafften. Doch jeder erneute Versuch ist ein Versuch zu viel.

Der Engländer hat für so eine Situation eine andere Philosophie entwickelt. Geht etwas ein, nimmt er das zur Kenntnis: »Platz für etwas Neues«, sagt er sich, geht in den nächsten Laden und kauft, was ihm gerade gefällt, was ihn anspricht oder was er schon lange haben wollte, und nutzt dafür die frei gewordene Stelle im Beet.

Apropos Kaufen, etwas liegt uns Deutschen offenbar im Blut: der Preisvergleich. Wer vor dem Pflanzenangebot steht, schaut erst einmal auf das Preisschild: teuer! Oder auch mal: billig! Sorry: preiswert. Der Preis entscheidet über den Kauf. Kürzlich erst in der Gartenakademie: »Guck mal, die Blume hier, die kostet drei Euro, die habe ich gestern für zwei Euro woanders gesehen.«

»Wissen Sie, was das für eine Blume ist?«, frage ich.

»Nein.«

Das ist offenbar völlig unwichtig. Diese kostet drei Euro, die von gestern zwei, und das ist nun ein echtes Problem.

Der Engländer schaut ebenfalls auf das Schild, aber auf die
Seite mit dem Namen. Er will wissen, wie die Pflanze heißt,
die ihm hier so gut gefällt. So kommt es, dass der Gartenliebhaber auf der britischen Insel über ein ungeheuer großes
Repertoire an Pflanzennamen und damit Pflanzenkenntnis
verfügt. Was gefällt, wird gekauft. Oft erfährt er den Preis
erst an der Kasse.

Aus meiner Sicht ist die Balance zwischen Hardware und
Software im Garten, also Hütten und Gartenequipment
einerseits im Verhältnis zu den Pflanzen und ihrer Pflege
andererseits, erschütternd ungesund. Was sich da so alles
im Gartenschuppen den Augen offenbart, macht mich
nicht selten sprachlos. Das kann mitunter einem kleineren
Gartencenter Konkurrenz machen. Nur Pflanzen gibt es
wenig. Gewiss hat auch der Engländer seinen Rasenmäher,
wenn er denn einen Rasen besitzt, und auch er liebt seinen Rasenmäher. Wo nur Rasen, Moos, Wiese und Hecke
sind, da wartet in der Tat viel Arbeit. Aber der Engländer
schaut auch auf seine Beete und Rabatten, wenn dort etwas
misslingt, dann akzeptiert er die Entscheidung der Natur
und pflanzt etwas anderes. Bei uns gehört zum Garten die
nüchterne Bewältigung von Arbeit. Wo der Engländer mit
dem Herzen gärtnert und spielerisch mit seinen Pflanzen
umgeht, da arbeitet der Deutsche. Wenn wir arbeiten, dann
tun wir das mit aller Kraft, viel Energie, nicht selten bis zur
Erschöpfung, im Garten zudem sehr rational, oft mit dem
Lehrbuch unter dem Arm, und dazu benötigen wir unsere
Gerätschaften.

Also noch einmal ein Blick in den Schuppen: Hier steht ein Equipment vom Feinsten, das die Arbeit angeblich leichter macht. Die Schredder, die kaum zum Einsatz kommen, weil es eigentlich gar nichts zum Schreddern gibt. Die Püster zum Laubpusten pusten meist noch den letzten Oberboden vom Beet. Die neuesten Rasenmähermodelle, blitzblanke teure Einzelgeräte, elektrisch oder mit Muskelkraft zu bedienen – das alles hat kaum ein Engländer für seine doppelt so großen Gärten mit der zehnfachen Bepflanzung.

Wir sind technisch verliebt, weil wir glauben, es könnte die Garten-»Arbeit« versüßen. Für dreißig Stauden braucht es nur einen Spaten zum Umgraben und eine Harke, vielleicht ein paar vernünftige Schuhe und, nur für die ganz Empfindlichen, ein Paar Gartenhandschuhe, ein bisschen neue Erde vom Kompost – und dann ab ins Beet mit den Stauden. Was dann vielleicht noch fehlt, ist eine Rosen- und Heckenschere – das kann schon alles sein für einen Garten, der viel Freude schenkt.

In Dingen der Hardware ist der Engländer wesentlich schüchterner; er fragt sich stattdessen, wie er sein kleines oder größeres Paradies erhalten kann. Die Pflege ist der Garten! Sie ähnelt durchaus dem Aufziehen von Kindern: Wenn etwas Großes, etwas Besonderes aus dem Garten werden soll, müssen wir Aufmerksamkeit und Liebe in ihn investieren. Allerdings sollte man sich, wie bei Kindern auch, von Enttäuschungen nicht gleich entmutigen lassen.

In Deutschland versuchen wir noch immer, auf Teufel komm raus den billigsten Gärtner zu finden: Man ist ja nicht blöde und zahlt dreißig Euro die Stunde, wenn man jemanden haben kann, der das Gleiche für neun Euro macht. Dabei ist nicht bedacht, dass der Neun-Euro-Harker nicht selten dann für neunzig Euro Stauden mit herausharkt. Eine besonders furchterregende Aussage mancher meiner Bauherren ist mir der Satz: »Wir haben einen sehr talentierten Hausmeister, der macht auch den Garten.« Dieser Ausspruch hat mich dazu verleitet, besonders nacktgeharkte Gärten mit dem Hinweis »Hier harkt der Hausmeister« zu kommentieren.

Kaum jemand kann noch richtig Heckenschneiden in unserem Land. Das liegt auch an den Gartenbesitzern selbst, die nicht wissen, was sie von einem guten Gärtner erwarten dürfen. In England werden die Gärtner von ihren Kunden gefordert, weil diese informiert sind. Sie kennen sich aus, sie hören sich um, sie verfolgen die Neuerungen aus der Gartenwelt über die Medien und die Gartenshows. Und so wissen sie, was sie wollen und was sie erwarten dürfen, wenn sie sich an einen Gärtner wenden.

Bewundernswert und eine Freude ist es, die Leichtigkeit zu beobachten, mit der der Engländer sich seinem Garten widmet. Bei uns begegnet mir noch immer zu viel Sachlichkeit, eine geradezu kämpferische Rationalität und Nüchternheit. Hier ist man immer auf der Suche nach dem Richtigen im Garten. Das ist wie die stetige Suche nach der Wahrheit. Aber: Wahrheit aus wessen Sicht? Aus der Sicht der Pflanze? Das könnte bedeuten, dass alles da wachsen soll, wo es wachsen will. Aber passt das in unsere Weltanschauung?

Selbst wenn ich Gartenbücher mit gut gemeinten Anleitungen lese, habe ich oft ein schlechtes Gefühl: Wie schneidet man Rosen »richtig«? Gibt es denn überhaupt den für alle gültigen, den standardisierten richtigen Rosenschnitt? Ich schneide eine Rose so, wie ich eine Rose schneide – und frage mich dabei, während ich mich um die Rose kümmere, während ich mich ihrer annehme, wie es für diese Rose gut ist. Bei einer anderen Rose schneide ich sicherlich anders. Es gibt kein gänzlich Richtig und kein gänzlich Falsch im Garten, die Natur lässt sich nicht versachlichen, sie lebt. Ein Garten erlaubt Leichtigkeit.

Und ein Garten braucht diese Leichtigkeit. Selbst der Blick auf das Etikett – mal nicht auf den Preis und auch mal nicht auf den Namen, sondern auf den angegebenen Standort – muss ja nicht verkehrt sein. Dennoch: Wenn zu lesen ist, die Pflanze gedeihe gut in der Sonne, ich aber nur an den meiner Neuanschaffung vorbestimmten schattigen Ort denke, lasse ich sie stehen, obwohl diese Pflanze auch dort wachsen würde, weil der Ort in Wirklichkeit über Schatten mit Licht verfügt. In solch einer Entscheidung ist keine Leichtigkeit enthalten. Denn was könnte schon passieren? Alles geht gut, die Pflanze gedeiht und bringt dem Käufer ein kleines Wunder an diesem angeblichen Schattenplatz. Oder im schlimmsten Fall: Die Pflanze wird sterben in seinem Paradies, aber er hat sich auch ein bisschen an ihr erfreut, er hat experimentiert und gelernt und weiß hinterher mehr über seinen Garten als zuvor. Die Risiken sind also überschaubar. Es geht zwar um Leben und Tod, aber doch nicht ganz so schlimm wie im wirklichen

Leben. Weil im Garten alles ein immerwährender Prozess ist, wird der Engländer für die entstandene Lücke »ganz verschwenderisch« gleich die nächste Pflanze besorgen – und er wird etwas Neues ausprobieren, voller Leichtigkeit und Zuversicht. Garten ist Lebensschule. Denn wie im wirklichen Leben, so lernen wir auch im Garten fast mehr durch die Fehler als durch die Erfolge.

Pflanzen in Gruppen, als Matrix, in Drifts

Die Sprache offenbart den Unterschied: Der Engländer, der sich mit ganzem Herzen den Ereignissen in seinem Garten widmet, spricht von *gardening*, die ganze Nation *gärtnert*. Der Deutsche, der vielleicht weniger mit dem Herzen als mit dem Kopf bei der Sache ist, leistet hingegen *Gartenarbeit*. In der Küche ist man da schon weiter – denn das lustvolle Ausprobieren eines neuen Rezepts oder die freudige Vorbereitung eines gemütlichen Essens wird schließlich nicht als Küchenarbeit empfunden. Gärtnern macht Spaß und gute Laune und erfreut die Seele, Gartenarbeit ist Pflicht, kostet Kraft, Zeit und Mühe. »Ich schinde mich hier im Garten doch sehr ab«, das würde man vom Kochen bestimmt nicht sagen.

Dennoch sollen die Unterschiede nicht zur unüberbrückbaren Kluft stilisiert werden. Da komme ich aus England zurück und will vieles aus der dortigen Gartenkultur hier in die Seelen, die Köpfe und die Gärten einpflanzen oder auch wachküssen, was hier schon lange schlummert. Und weiß doch zugleich, dass auch die Engländer von uns lernen wollen – und können. Was liegt näher, als Kopf und Herz zusammenzubringen? Doch der Reihe nach.

Geradlinigkeit und viel freier Boden

Des Deutschen gärtnerische Leidenschaft hat in der Vergangenheit schon zu so manchem Leid geführt. Zum Beispiel Elizabeth von Arnim, Schriftstellerin und engagierte Gärtnerin, litt unendlich unter der Nüchternheit und Lustfeindlichkeit der von ihr erlebten preußischen Gartenarbeit und Pflanzpraxis. Das jedenfalls hat sie, die in Sydney geboren und in England aufgewachsen ist, dann knapp zwanzig Jahre mit einem deutschen Grafen verheiratet war und in dieser Zeit in Berlin und Pommern lebte, uns unmissverständlich schriftlich hinterlassen.

In ihrem ersten Roman, *Elizabeth und ihr Garten*, notierte sie, die die englische Gartenkultur so sehr liebte, auf einzigartige Weise Begegnungen mit ihrem deutschen Gärtner: »Den ganzen April hindurch setzte er die winterharten Pflanzen, die wir im Herbst gesät hatten, an ihren endgültigen Standort, und den ganzen April hindurch ging er mit einer langen Schnur umher und zog mit schöner Genauigkeit parallele Reihen in die Rabatte, worin er dann die armen Pflanzen wie Soldaten bei einer Parade arrangierte.«[1]

Bald erklärte Elizabeth dem Gärtner, dass sie im nächsten Beet die Pflanzen gern in Gruppen zusammen hätte und nicht in Reihen und dass ihr dabei eine natürliche Wirkung vorschwebe, ohne Zwischenräume nackter Erde. Ob solchen Ansinnens blickte er ganz besonders düster drein. Als er wieder ein Beet fertig hatte, entdeckte Elizabeth, »dass er zwei lange Beete beiderseits eines geraden Weges mit kleinen Reihen von jeweils fünf Pflanzen angelegt hatte – zuerst fünf Nelken und hinter den Nelken wieder fünf Nachtviolen und so weiter mit verschiedenen Pflanzen von jeder Sorte und Größe«. Elizabeth protestierte, und der Gärtner rechtfertigte sich, er habe nur ihre Anweisungen befolgt und doch gleich gewusst, dass es nicht gut aussehen würde. Sie war mehr als nur ratlos, weil sie dieses starre Denken nicht durchbrechen konnte, denn »sobald man von den Richtlinien abweicht, die von jener langen Schnur bestimmt werden«, stieß sie auf Ablehnung und Unverständnis.

Eines Tages schlich sie sich verstohlen »mit Spaten und Harke« hinaus und »hob fieberhaft ein kleines Stück Boden aus, wühlte die Erde um, säte heimlich Prunkwinden und rannte völlig erhitzt und schuldbewusst wieder zurück ins Haus … setzte eine gleichgültige Miene auf, gerade noch rechtzeitig, um meinen guten Ruf zu retten. Und warum darf man das nicht?«, fragte sie sich ganz verzweifelt. Ihr Resümee: »Hätte Eva im Paradies einen Spaten gehabt und etwas damit anfangen können, hätten wir nicht diese ganze traurige Geschichte mit dem Apfel.«[2] Ich hatte ja, bevor ich Elizabeth von Arnims Roman las, keine Ahnung, dass bereits inspirierte Menschen vor mir ganz ähnliche Erfahrungen mit dem deutschen Gartengemüt hatten, doch dies war der Beweis für mich, dass ich nur auf eine alte Tradition gestoßen war.

Gegen Geradlinigkeit und viel freien Boden zwischen den Pflanzen, um das ganze Jahr über bequem um sie herumharken zu können, hatte sie sich aufgelehnt. Ihr Wunsch und ihre Sehnsucht galten einem wilden, geheimnisvollen Garten, mit einer schön ineinander verschlungenen Bepflanzung. In ihrem Herzen trug sie die Idee vom bezaubernden und verzauberten Dornröschengarten, in dem alles verwachsen und verwunschen ist, was allerdings oft auch in der Natur an Grenzen stößt. Denn die Natur ist nicht immer dazu bereit – ob sich nun die Rose nicht mit dem Efeu versteht oder bestimmte Pflanzen nicht zusammenkommen, weil sie sich einfach nicht mögen. Nur in unserer Vorstellung blüht zusammen, was in der Natur möglicherweise nicht zusammenpasst oder funktioniert.

Es ist ein typisches Bedürfnis der Engländer, mit Pflanzungen im Garten eine Harmonie und eine auf Erden nicht wirklich existierende Theaterbühne zu erschaffen, ein Kunstwerk, das sich da draußen so nicht ereignen würde, ohne dass der Mensch Hand angelegt hat – für mich der Inbegriff des Gärtnerns, denn es ist nicht die Aufgabe des Gartens, die Natur zu kopieren. Es geht um Vorstellungen aus unserer Fantasie, durchaus im Einklang mit der Natur, wie sie vielleicht auch im Garten Eden, im Paradies vorstellbar sind, wo all diese Dinge auf einmal wachsen würden, wo die Trauben von den Reben und die Reben in den Mund wachsen, ein Bild, das den Engländern gern vorschwebt.

Wenn man hingegen so einen Gärtner hat wie die gute Elizabeth von Arnim, der ihr Bedürfnis nach Harmonie und Einklang immer wieder zu reglementieren versucht, muss

man ihm zugestehen, dass er bemüht ist, seine Sache einfach
gut zu machen, dass er – ebenfalls von Menschenhand und
gegen die Natur – etwas ordnen will, gegen den befürchteten
oder erlebten Wildwuchs. Dass er nur bei diesem Ordnen
womöglich über die Stränge schlägt, bis die Pflanzen einzeln
dastehen wie die Soldaten, klar ausgerichtet in Reih und
Glied, gemustert und im optimalen Erscheinungsbild »ange-
treten«. Ein bisschen preußisch eben.

In den traditionellen englischen Staudenrabatten werden
Stauden in Gruppen verwendet – *planting in groups*, Pflanzen
in Gruppen. Alles zielt auf die Gesamtwirkung der Pflanzen
und nicht so sehr auf die Einzelwirkung von Individuen.
Wie groß diese Gruppen sind, das hängt von den Proportionen des Beetes ab: Lange, tiefe Rabatten benötigen größere
Pflanzgruppen als kurze, schmale Beete. Dabei werden die
Pflanzen nach Größe geordnet: Hohe Stauden gehören in
den Hintergrund, die niedrigen stehen im Vordergrund. Die
Gruppen sind ganz klar definiert, eng zusammengepackt und
lassen keinen Platz für Unkraut. Aber wehe, eines findet dann
doch seinen Weg hinein, dann sieht man nur das!

Diese Pflanzweise kennt man in England seit dem späten
neunzehnten Jahrhundert, und sie hat sich relativ wenig verändert. Es war Gertrude Jekyll, die damit angefangen hat und
die auch als Erste ihre Staudenbeete nach Farben zu ordnen
begann. Als Künstlerin, schließlich war sie ausgebildete Malerin, war es ihr wichtig, dass das Gesamtbild der Rabatte
harmonisch stimmig war. In ihren Pflanzungen ging es ihr
vor allem um Ästhetik. Entscheidende Beiträge dazu lieferten

die Formen der Pflanzen und ihre Blüten, die Farbkombinationen und auch die Reihenfolge, in der die Blumen ihre Show zeigten. Den Rest schafft man mit Pflege und Liebe.

Matrixpflanzung und Pflanzung in Drifts

In der Natur gibt es keine nackte Erde. Sobald in einer Ecke die Erde umgegraben wurde, etablieren sich an dieser Stelle neue Pflanzen. In einer Blumenwiese ist der Boden hauptsächlich bedeckt von verschiedenen Gräsern, dazwischen kommen und gehen im Laufe der Saison Zwiebeln und Stauden. Einige davon, wie Königskerzen, finden sich als Einzelexemplare über die Wiese verteilt. Nach der Blüte schütten die hohen, schlanken Rispen unter Mithilfe von Wind und Wetter ihre Samen um sich herum aus, mal weiter, mal näher, und dort, wo der Samen hinfällt, keimt er fröhlich, und es entwickelt sich eine neue Pflanze für die kommende Saison. Andere haben ein Wurzelwerk, das sich mit der Zeit in ein weit verzweigtes, breiter werdendes Netzwerk verwandelt, wie es zum Beispiel bei vielen Astern geschieht. Nach einigen Jahren kann sich eine Pflanze auf diese Weise zu einer größeren Gruppe entwickeln. Im Gebirge ist oft Kies zu finden, der die Berge hinuntergespült wurde, und aus diesem Kies heraus wachsen Pflanzen, auf ähnliche Weise in die neue Umgebung gebracht wie die verwehten Samen auf der Wiese.

Die Matrixbepflanzung folgt ähnlichen Prinzipien. Die Erde sollte bedeckt sein von Mulch oder bodendeckenden Pflanzen, damit sie nicht von Wind und Sonne austrocknet und dadurch erodiert. Aus dieser Abdeckung wachsen die höheren Stauden, Zwiebeln und auch Gehölze. Die Netzwerker kommen in Gruppen hervor, die Individualisten werden einzeln gepflanzt.

Wenn man sich ein bisschen Mühe gibt, genügend Pflanzenkenntnis hat und sich die richtigen Sorten für solche Bepflanzungen aussucht, dann kann sich eine harmonische Pflanzengemeinschaft entwickeln, in der die Gewächse ein eigenes Leben führen und dabei eine sich ständig ändernde Landschaft kreieren. Wenn die Harmonie nicht stimmt, ist es nicht halb so pflegeleicht, und es besteht die Gefahr, dass eine oder zwei Pflanzenarten das ganze Areal überwuchern. In diesen naturnahen Bepflanzungen spielen die drei Elemente der traditionellen Pflanzweise, Farbe, Form und Textur, nur eine Nebenrolle. Wichtiger ist, dass der Standort stimmt.

Wer es ganz elementar einmal selbst versuchen möchte, dem bieten im Herbst die Tulpen-, Narzissen- und all die anderen Zwiebeln eine schöne Gelegenheit. Jedes Jahr dieselbe Frage: In welcher Anordnung bringen wir sie in den Boden? Aufgereiht wie die Soldaten, im gleichmäßigen Zickzack oder in kleinen Grüppchen? Vorschlag: Man wähle sich einen Standort am Rande des Beets und werfe eine Handvoll Zwiebeln mit großer Geste hinein. Harold Nicolson, Ehemann von Vita Sackville-West, beide Gartenbesitzer von Sissinghurst in Kent, hat diese Geste mit seinem einzigartigen Humor so beschrieben: »Stelle dir nur vor, du seist die Königin-Mutter von Rumänien, die Almosen unter einen Haufen transsylvanische Bauern streut. Denke allein daran, dass nur durch diesen großen Schwung der Botticelli-Effekt im kommenden März und April erreicht werden kann … Im nächsten Jahr wirst du deine Woge bekommen.«[3] Dort, wo die Zwiebeln liegen bleiben, wo der Zufall sie hingeschickt hat, werden sie in den Boden gebracht. Das kann der Anfang einer Matrixpflanzung sein.

Wenn sich Unkraut aussät auf unserer wie ein Perserteppich wirkenden harmonischen Bepflanzung, dann fällt es kaum auf, Bodendecker machen die Pflege sehr viel leichter. Sie lassen ohnehin wenig Licht auf die darunter liegende Erde durch, womit Unkraut kaum eine Chance hat. Was mir zwar Spaß macht, das Wühlen im Boden auf der Suche nach dem Giersch, gehört nicht unbedingt zur Lieblingsbeschäftigung in jedem Garten. Mit einem gut angelegten Bodendecker jedoch ist man das Problem fast los. Weniger Unkrautwuchs reduziert ganz wesentlich den Pflegebedarf.

Schließlich kommt noch ein wichtiger ökologischer Faktor ins Blickfeld: Bodendecker halten den Boden feucht und kühl unter ihrem Laub und schützen ihn so vor dem Austrocknen. Mit ihren kurzen Wurzeln nehmen sie das Wasser meist nur von der Oberfläche, die Tiefen überlassen sie den Mitbewerbern im Beet. Rosen etwa oder Pfingstrosen sind Tiefwurzler, die umso mehr darauf schauen, dass sie nach unten kommen, je mehr sie feststellen, dass sie oben Wurzelkonkurrenten haben. Das kann, wenn es gut gemacht ist, im

Garten zu einer wunderbaren Symbiose werden, in der die Pflanzen leben.

Dass gerade diese neue Gartenbewegung aus Deutschland in England so gut ankommt, dieses großflächige Pflanzen mit großen Mengen von Boden bedeckenden Stauden, die sich teilweise dann auch wieder selbst aussäen oder ihre Wurzeln verbreiten, hängt mit einem Phänomen zusammen, mit dem die britische Insel zunehmend konfrontiert ist: Es wird immer kälter im Winter und immer heißer im Sommer, Kontinentalklima also, und die Wärme bleibt länger. In der Folge dürfen Gärten in heißen Zeiten weniger gewässert werden, bis hin zum Verbot. Zwar hat es eine Insel so an sich, dass drum herum viel Wasser ist, aber das Salzwasser ist nicht nutzbar. Also herrscht in zunehmend heißeren Sommern eine zunehmende Wassernot. Im Frühjahr 2007 war es in Südengland so trocken, dass die Stadt London ein Gießverbot erlassen hatte. Aus Sorge um ihren Rasen hatten sich zunächst die wenigsten Gartenbesitzer daran gehalten – bis die Polizei Hubschrauber zur Überwachung einsetzte. Grüne Rasenanlagen sind in solchen Zeiten schon verdächtig, ja des unerlaubten Wasserverbrauchs geradezu überführt. Und unabhängig vom täglichen Gießen schadet trockene Hitze insbesondere jenen Pflanzen, die eher ein feuchtes Klima brauchen, wie es im Land immer üblich war.

Mit der Matrixpflanzung haben wir in großen Flächen einen Untergrund geschaffen, der die Feuchtigkeit hält und den Boden schützt, auch vor Unkraut. Aus dieser Basisstruktur erheben sich nun je nach Jahreszeit die schönsten und die prächtigsten Akteure, Rosen, Astern, Anemonen, hier sind sie wie in einem Verbund, einer Gemeinschaft, einem Gesamtkunstwerk eingebettet. Dazwischen können sich auch Gräser zeigen oder horstige Sachen wie Wiesen-Iris oder Margeriten ausbreiten. Oder ganz andere Hauptdarsteller oder gar Diven – aber das ist dann ein anderes Thema.

Bleiben wir bei unserer Sicht auf den deutschen Garten, der viel mit Denken und Kopfarbeit zu tun hat. Mit der Matrixpflanzung wurde in den vergangenen Jahrzehnten ein ganz neuer gartenkultureller Standard gesetzt. In diese Matrix soll als Teil dieses neuen Denkens auf besondere Weise hineingepflanzt werden. Das vervollkommnet die neue Bewegung, diese neue deutsche Welle. »Pflanzen in Drifts« heißt dazu das Schlagwort. Was können wir uns darunter vorstellen? Wenn Winde oder gar Stürme Sand oder Schnee vor sich hertreiben, dann bilden sich dort, wo der aufgewirbelte Sand oder Schnee liegen bleibt, besondere Formen, meist wellenförmige Dünen. Ganz ähnlich ist es mit dem Flug von Samen oder Saat. Eine Pusteblume verteilt ihre Samen gewiss nicht entlang einer Schnur, wie sie Elizabeth von Arnims Gärtner gezogen hatte. Die Samen sammeln sich auch nicht auf einem kleinen Haufen, nicht an einer einzigen Stelle – viele fliegen hierhin, manche dahin, ganz wenige dorthin.

Beliebt in englischen Schattengärten aus dem frühen zwanzigsten Jahrhundert, aber auch bei uns nicht unbekannt, sind größere Flächenbepflanzungen mit einer Pflanzensorte. Diese Art der Bepflanzung wird »Drift« genannt. Auch bei der Pflanzung in Drifts gilt das bodendeckende Prinzip. Doch statt einzelne Pflanzen durcheinanderzuweben, werden sie in größeren Mengen verwendet, die so gepflanzt werden, dass sie in schleifenähnlichen Flächen durcheinanderlaufen.

Der Vorteil einer solchen Bepflanzung besteht darin, dass selbst der Laie, der gärtnernde Anfänger mit wenig Unkrautkenntnis schnell erkennt, welche Pflanze in welche Fläche gehört und was ungewünscht eingewandert ist. Obwohl man immer auf Standortbedingungen achten sollte, gibt es hier mehr Platz für die ästhetische Entfaltung der Pflanzen, gerade auch wegen des Masseneffekts.

Die Wirkung solch einer Bepflanzung ist lockerer und entspannter als die traditionelle Gruppenbepflanzung in englischen Beeten, und sie ist wohl auch einfacher zu verwirklichen für Menschen, die nicht unbedingt eine große Pflanzenkenntnis mitbringen, wie sie zur Matrixbepflanzung gebraucht wird. Eine Überlegung für Einsteiger!

Ein deutscher Garten
für Chelsea

Nichts fasziniert einen Menschen mehr als das, von dem er annimmt, es sei für ihn unerreichbar. Für mich war das lange Zeit die Chelsea Flower Show, mit der sich die Gartenszene alljährlich in England selbst feiert. Im Mai ruft Chelsea, und alle kommen: die großen und namhaften Gartendesigner, die Queen, der Adel und die Finanzwelt, die Popstars, die Schönen und Reichen. Das ist hier wie Ascot, nur ohne Hüte, wie Wimbledon, nur ohne Titelverteidiger, wie Wagner-Festspiele, nur ohne Götterdämmerung. Das Ganze mitten in London, in der schicksten und teuersten Gegend, mit Verkehrschaos und der Aussichtslosigkeit, per Auto durch die King's Road zu kommen. Keine Chance.

Dort passiert genau dieses: Gärten sind zu sehen, von denen man nur träumen kann, die weit ab von der Vorstellung eines jeden Gartenliebhabers liegen, weit entfernt von dem, was er jemals im eigenen Garten realisieren wird. Träume und Unerreichbares, auch Abstruses bis hin zu Albträumen. Nicht jeder Garten ist so gestaltet, dass der Betrachter sich danach sehnt, darin zu sitzen. Aber gesehen haben will man so etwas schon, zumindest um darüber reden zu können.

Für einen Gartendesigner ist es ein Ritterschlag, daran teilnehmen zu dürfen. Eigentlich hatte ich Chelsea längst abgehakt und den Glauben daran aufgegeben, dass ich es, zumal als deutsche Gestalterin, schaffe, dort jemals mit einem Garten aufzutreten. Voraussetzung dazu ist immerhin ein zahlungskräftiger Sponsor – das ist durchaus vergleichbar mit einer Teilnahme an der Tour de France oder der Formel

1: Wer in Chelsea ins Rennen geht, tut dies im Namen eines Sponsors, das sind oft große Zeitungen oder Fernsehsender, auch mal eine Bank wie Merrill Lynch oder ein Modehaus wie Chanel, die Champagnerfirma Laurent-Perrier, Länder des Commonwealth oder arabische Scheichs. Als eine Deutsche in England, wenn auch anerkannt auf der Insel, konnte ich nicht erwarten, dass ein britischer oder gar auswärtiger Sponsor auf mich zustürmen und mich auffordern würde, einmal einen Garten für Chelsea zu kreieren. Außerdem loderte bereits die Flamme in mir, das Land zu verlassen und nach Berlin zu gehen, um in Deutschland die Gartenkultur wachzuküssen und zu erneuern.

Doch plötzlich hatte ich es geträumt: Ich mache einen Chelsea-Garten. Ich sah, im Traum wohlgemerkt: Ein deutscher Garten soll es sein. Es war fünf Uhr in der Früh, da griff ich zum Stift, entwarf ein Scribble meiner im Traum gesehenen Bilder. Die Maße eines großen Chelsea-Showgartens sind ja bekannt, zehn mal fünfundzwanzig Meter, das weiß jeder Gartendesigner, der davon träumt, einmal ein solches Ding an dieser Stelle zu gestalten. Nach kaum einer halben Stunde lag der Plan auf dem Tisch. Und da ich von Walt Disney gelernt habe: »If you can dream it, you can do it« (Wenn man es träumen kann, kann man es auch schaffen), habe ich einfach meinen Entwurf eingereicht – auch ohne einen Sponsor oder einen Auftraggeber an der Hand zu haben.

Im Traum hatte ich wirklich alle Details gesehen: Vor meinem inneren Auge war Karl Foersters Senkgarten in Bornim bei

Potsdam aufgetaucht. Eine Hommage an jenen Mann, der mir in all den Jahren seit meiner Ausbildung und während meiner Arbeit als Gartendesignerin ein Vorbild war, sollte es werden. Ein Garten, der für mich einen deutschen Charakter ausdrückt, was immer dies heißen mag. Alles war da, bis hin zu den Trittplatten und Stufen – und auch wenn wir später noch sechs Wochen benötigten, um über der Umsetzung zu knobeln, so war doch die Basis vorhanden. Meine Pflanzenchoreografin Isabelle meinte fast nüchtern: »Na ja, so etwas wollten wir doch immer schon machen.« Und: »Kann das nicht zugleich eine Grundlage für unser Vorhaben in Deutschland werden?« Ganz offensichtlich hatte das Unterbewusstsein, das es ja angeblich gar nicht gibt, schon viel weiter gedacht: an die Möglichkeit, mit einem solchen Garten etwas in die Zukunft zu transportieren. In England zeigen, was man in Deutschland schon lange kann – um es dann mit einer Medaille um den Hals wieder in sein Heimatland zurückzutragen.

Eingereicht war nun also unsere Idee beim zuständigen Veranstalter, der Royal Horticultural Society – vor über zweihundert Jahren gegründet, mit heute fast vierhunderttausend Mitgliedern. Die Zeit war knapp. Ein Jahr vor der Show muss die Anmeldung erfolgen, es waren noch drei Wochen bis zur Entscheidung, zur Nominierung für die großen Schaugärten – denn nur acht bis zehn Aussteller werden derzeit in dieser Kategorie zugelassen. Früher, zu wirtschaftlich florierenden Zeiten, da waren es noch ein paar mehr. Bei der Society, wo wir seit dem Gewinn des »Best in Show«-Preises auf der Hampton Court Flower Show einige Jahre zuvor einen guten Ruf hatten, war man durchaus erfreut über unseren Plan und gespannt – auch auf unseren Sponsor. Ich musste schummeln: Wir seien dran, an einer deutschen Zeitung. Ein Witz: Welche deutsche Zeitung würde schon einen Garten für eine Show in England mit rund vierhunderttausend Euro (oder tausend Pfund pro Quadratmeter) sponsern? Das war unsere nüchterne Kostenschätzung, und das war keineswegs die höchste Kalkulation unter den Konkurrenten, dort reichten sie bis zum Doppelten.

Zwei Wochen später, also eine Woche vor der Entscheidung, klingelte das Telefon. Eine Dame vom *Daily Telegraph*: Sie wisse, dass es jetzt zu spät sei, aber ihre Zeitung habe ja einen guten Ruf und könnte die Society auch überreden, dass da noch etwas gehen würde. Also: Ob wir für den *Daily Telegraph* einen Garten gestalten könnten. Verschiedene Leute hätten uns empfohlen, damit einmal etwas Neues, etwas anderes zu sehen sei, und sie probierten immer gern neue Designer aus … Mich traf fast der Schlag. Als ich meine Sprache wiederfand und erklärte: »Wir haben bereits einen Entwurf eingereicht …«, unterbrach sie ganz enttäuscht und jammerte fast: »Ach, das ist aber schade, und wir hatten gedacht, Sie würden sich vielleicht von uns … und hätten … und könnten …«, sodass ich nur mit Mühe meinen Satz beenden konnte: »… haben aber noch keinen Sponsor.«

»Oh, können wir den Entwurf dann mal sehen?«

»Na ja, das ist aber ein deutscher Garten …«

Und dann kam, weltoffen wie die Engländer eben sind, und wie ich sie in all den Jahren immer wieder kennengelernt habe, eine Haltung an den Tag, von der wir hierzulande nur träumen können: »*German garden*, das wäre doch mal etwas ganz Neues! Für unsere Zeitung und für die Chelsea Flower Show sowieso. Den Plan wollen wir sofort sehen.«

Als ich den Hörer aufgelegt hatte, glaubte ich, in meinen Traum zurückgefallen zu sein. Das war einfach nicht zu fassen! Warum gerade in diesem Jahr, wo ich mir ein großes Projekt in Deutschland vorgenommen hatte, wo ich zuvor überzeugt war, dass an Chelsea nicht heranzukommen sei, wo es Hunderte von Designern gab, aber kaum zehn Gärten? Ich begriff, wir hielten das Glück in unseren Händen, mussten es nur aus dem Kosmos holen.

Kurz darauf haben wir uns mit leicht klopfenden Herzen beim urbritischen, konservativen *Daily Telegraph*, wo man alles andere als »pro German« eingestellt ist, empfangen lassen, haben unser Konzept vorgelegt, beschrieben, veranschaulicht, erklärt – und achtundvierzig Stunden später hatten wir den Vertrag in der Tasche. Die nötigen Sponsorengelder fand man dort ganz normal, noch ohne Honorare übrigens berechnet, da kamen nochmals dreißig- oder vierzigtausend Pfund hinzu. Immerhin ist ein ganzes Jahr an Arbeitszeit zu investieren. Entsprechend war unsere Firma für Monate fast lahmgelegt.

Ein Garten in Chelsea wird für genau fünf Tage geplant, gestaltet und aufgebaut, um hinterher innerhalb von drei Tagen wieder abgebaut zu werden. In diesen fünf Tagen hat alles topp zu sein, kein welkes Blatt, jede Pflanze auf ihrem Höhepunkt, jede Blüte in ihrer schönsten Pracht, alles hat so frisch und optimal auszusehen und zu wirken, wie es die Natur selbst auf einen Schlag, auf einen Moment hin nicht schafft. Wenn am sechsten Tag schließlich alles zusammenfällt, ist das kein Problem. Aber am ersten Tag, mit der Minute der Eröffnung, präsentieren sich die Gärten wie von Zauberhand oder Gotteshand in Szene gesetzt, die perfekte Natur, wie wir sie sonst nicht zu sehen bekommen. Es gleicht einer Bühnenshow, wenn die Scheinwerfer erstrahlen, das Orchester zu spielen anhebt, der Vorhang sich öffnet, die Funken sprühen und die Artisten wie ein Feuerwerk durch die Luft wirbeln. Die Besucher und auch diejenigen, die lediglich in den Zeitungen oder im Fernsehen die Show verfolgen, werden in den Bann eines nie zuvor erlebten Spektakels gezogen – Gärten, makelloser als an einem traumhaften Sommertag, perfekter als am schönsten Tag des Jahres. Idealtypische Inszenierungen.

Chelsea ist Gartenshow, wie die Engländer sie lieben. Sie beherrschen es, knapp eine Woche lang eine Show abzuziehen, die Unterhaltung auf höchstem Niveau bietet, auch mal etwas Verrücktes, mal etwas Schräges, in jedem Fall etwas Überraschendes, Ungewöhnliches, nicht Alltägliches. Die Kritik aus dem Ausland beklagt, dass das alles gar nicht realistisch sei. Das ist es tatsächlich nicht, und das will es auch gar nicht sein! So wie die Menschen ins Kino gehen oder ins Theater, wie sie sich eine Show ansehen wollen, um anhand unrealistischer Geschichten, fiktiver Gedankenspielereien, atemberaubender Attraktionen unterhalten zu werden und dem Alltag zu entfliehen, so erfreuen, amüsieren, ergötzen sie sich, lachen, empören oder streiten sie sich gar über die Chelsea Flower Show – oder sie genießen sie einfach oder wundern sich.

Chelsea hat, neben dem großen Showeffekt, eine ungeheure Marketingwirkung, primär für die Sponsoren, aber auch für die Teilnehmer. Die Tickets sind immer schon lange im Voraus vergriffen, das ist nicht anders als in Bayreuth. Es gibt bis zu zweihundertfünfzigtausend Besucher auf dem nur dreieinhalb Hektar großen Grundstück während der fünf Öffnungstage, zwei Tage davon sind zudem für die Mitglieder der Royal Horticultural Society reserviert. Zwanzigtausend Tickets sind Ausstellern, Presse und Sponsoren vorbehalten. Ein normales Ticket zur guten Besuchszeit kostet rund fünfzig Euro, für die Royal Gala, die Nacht, bevor die Öffentlichkeit zugelassen wird, sind es rund vierhundert – dafür gibt es kaum mehr als ein Glas Champagner. Aber man ist dabei, und dabei sein ist alles. Das Geld ist für einen guten Zweck, und es werden immerhin rund zwanzig Millionen Euro an Eintrittsgeldern in die Kassen gespült.

Dennoch bleibt die Mehrheit draußen. Für sie gibt es das tägliche Fernsehprogramm mit ausführlichen Berichten, die ganze Woche über haben die meisten Zeitungen Sonderseiten und Extrablätter. Sechs Millionen Menschen lesen Tag für Tag die Neuigkeiten von der Chelsea Flower Show, erfahren von Promibesuchern, bekommen Klatschgeschichten vom Drumherum serviert und wissen, wer sich die Gärten angesehen hat und – natürlich – wie sie aussehen. Hier wird mitgefiebert wie bei einer mehrtägigen Sportveranstaltung – Pflanzenneuheiten, Spannung vor den Preisvergaben, schließlich die Entscheidungen der Jury.

Alles andere als eine Gartenschau

Mit einer deutschen Bundes- oder Landesgartenschau hat Chelsea nichts zu tun. Diese deutschen Einrichtungen, die man übrigens in England in dieser Form wiederum nicht kennt, sind, anders als die großen Shows in England, positive Freizeitinvestitionen, die sehr zu begrüßen sind. Im April oder Mai öffnen diese Gartenschauen, wenn die Pflanzen noch recht klein sind und niemand so recht erkennt, was diese Setzlinge da sollen und wollen und später auch können – mit Ausnahme jener dekorativen »Baden-Baden-Beete« mit auffälligen bunten Frühjahrsblühern, die schön anzusehen sind. Über den Sommer wird das dann immer prächtiger. Schließlich kommt der Oktober, da haben sich die Pflanzen gut eingewachsen und stehen in ihrer Blüte oder haben sie gerade hinter sich, dann ist die Schau an ihrem Ende angekommen. Im Rückblick keine Show, dafür ein Freizeitgelände zum Entspannen, das die Menschen gern annehmen, wie die Besucherzahlen zeigen. Sehr positiv sind die Erfolge der Begrünung einzelner Regionen, aus denen oft Landschaftsparks entstehen. Brachliegende Gelände werden wiederhergestellt oder erstmals begrünt, um anschließend auf Jahre genutzt zu werden, vor allem an Wochenenden, zum Spazierengehen, Entspannen, manchmal für kleine Konzertveranstaltungen.

Noch einmal: Eine Bundesgartenschau ist keine Show, auch wenn etwas zur Schau gestellt wird. Sie ist nicht perfekt, was zu einer Show zwingend gehört, und sie will von ihrem Selbstverständnis her auch gar nicht perfekt sein. Eine deutsche Gartenschau ist im Vergleich zur Chelsea Flower Show – man möge mir dies verzeihen – wie eine Modenschau mit halbfertigen Hemden, noch nicht zu Ende genähten Kleidern und ungeschminkten Mannequins. Eine deutsche Gartenschau braucht ihre Zeit, um sich richtig zu entwickeln. Der Westpark von München ist so ein Refugium – 1983 war ich nach meiner Lehre dort beim Aufbau dabei; jetzt ist er toll, aber das hat viele Jahre gedauert.

Wie anders ist Chelsea! Auf höchstem Niveau, der Hype um Fashion, das ist Paris, wenn es um die aufsehenerregenden Modekreationen der neuesten Saison geht. Genau das gibt es in England eben auch für Pflanzen, für den Garten. Der Engländer weiß, dass es unrealistisch ist, was ihm da geboten wird. Aber gerade das ist das Reizvolle an diesem Highlight des Jahres. Schöne Blumenbeete, einfarbig oder bunt, das kann jeder selbst im eigenen Garten schaffen oder sich zumindest darum bemühen. Das Besondere, das Spektakuläre, das Grandiose, das noch nie Gesehene, das Inspirierende, ja, auch das Elitäre im wörtlichen Sinne als »Auserlesenes« (vom Lateinischen *electus*) zieht an. Das ist alles sehr teuer, hochwertig und aufwändig, wie es sich die Masse nicht leisten kann – aber es prickelt, wie es einen Autonarren verzückt, wenn er einen Ferrari im Autosalon sieht, oder wie die Schmuckliebhaberin der Anblick der Brillantenauslage reizt.

Wie Paris ist auch Chelsea ein Ort, an dem man ausbrechen kann. Alles ist hier erlaubt. So wie Jean Paul Gaultier für seine Muse Madonna geradezu untragbare Kleidungsstücke kreiert hat, so gibt es auch auf der Flower Show Entwürfe, die ich aus meiner Warte etwas zurückhaltend als *seriously interesting*, als »recht interessant« beurteilen würde. So etwa das Projekt »Mars Garden« vor einiger Zeit: ein Lavafeld! Etwas weniger zurückhaltend qualifiziert: Es war das Grässlichste, was ich je gesehen habe, aber handwerklich perfekt. In diesem Garten wuchs nichts, aber auch gar nichts, außer ein paar Eumeln, wie man sie sich auf dem Mars vorstellt. Aber die Jury wollte partout modern sein und gab den Ausstellern dafür tatsächlich einen ersten Preis. Das halbe Land war aufgebracht, man diskutierte kontrovers unter Fachleuten und Laien, Empörung und Entsetzen mischten sich mit dem Jubel über das Unkonventionelle und Unangepasste. Die Meinung der Queen ist nicht überliefert, sie dürfte zumindest *not amused* gewesen sein.

Jeder Winkel der zweihundertfünfzig Quadratmeter eines Schaugartens will bis ins kleinste Detail perfekt gestaltet sein. Erforderlich ist eine Logistik der Vorbereitung und Ausführung, die mit jedem Generalstabsplan konkurrieren kann. Unsere Pergola musste fast ein Dreivierteljahr vorher gebaut werden, dann wurden die Wisterien angebracht und gewunden, damit sie sich noch ausrichten konnten, um dann während des Aufbaus im perfekt blühenden Zustand samt Behältern für die Wurzeln mit einem Kran in den Garten gehievt zu werden.

Bis zwanzig Tage vor der Eröffnung dient das Gelände als Erholungspark samt Tennisplätzen und Grünanlagen für in Chelsea lebende Veteranen. Dann aber geht es los. Da die Zufahrtswege sehr eng sind und in diesen wenigen Tagen des Aufbaus an allen Gärten gleichzeitig gearbeitet wird, herrscht ein phänomenales Chaos. Einmal musste ich sechs Stunden auf meine Lieferung warten, weil die Wege verstopft waren. Im »Stau« waren dann die Pflanzen zu gießen, damit sie keinen Schaden nahmen. In den ersten Aufbautagen musste erst einmal viel Bodenmaterial ausgehoben und abtransportiert werden, dann kamen die Heckenelemente, Solitärbäume und die Pergola. Nach zehn Tagen stand der Rahmen des Gartens. Um tausendfünfhundert Pflanzen in den Beeten und Rabatten plangenau zu setzen, müssen siebentausend Pflanzen in Drei- bis Fünflitertöpfen fast ein Jahr lang gezogen, gepflegt und geprüft, gedüngt und gewässert werden. Das geschieht in spezialisierten Gärtnereien. Was zu schnell angeht, kann keine Verwendung finden, denn es hat ja dann schon seinen Zenit überschritten oder ist gar verblüht, wenn es darum geht, im Beet zu landen. Was zu langsam wächst, hat ebenfalls keine Chance – (zeit-)punktgenaues Wachstum ist nötig, um im Showgarten zu strahlen.

Bei aller Künstlichkeit, die in den Chelsea-Gärten der Natur abgerungen wird, bei aller Synthetik gegenüber der gewachsenen Natur ist diese Show auch eine echte Herausforderung an die Gartenkultur. Denn immerhin findet sie zu einer Jahreszeit statt, in der noch nicht viel blüht. Doch die Designer wollen dennoch Kreationen offerieren, die spektakulär wirken. Tricksen und triezen geht mit Pflanzen nur sehr eingeschränkt: Herbstastern gibt es hier nicht und hat es noch nie gegeben, weil sie eben erst im Herbst blühen und nicht im Mai. Aber die Herausforderung, immer mehr Pflanzen aus anderen Klimazonen zu präsentieren, besteht durchaus – so gibt es auch einen australischen oder einen neuseeländischen Garten und Designer aus aller Welt, die sich zu profilieren versuchen: mit immer neuen Pflanzen und der Natur abgeschauten oder aufoktroyierten Schauspielen.

Auszeichnungen ergattern regelmäßig Insassen eines Londoner Gefängnisses, die naturbelassene Gärten, Wald- und Wildgärten gestalten, dabei auch mit Unkrautsoden arbeiten und auf diese Weise schönste Entwürfe realisieren. Hier sind nicht nur das Konzept und die Ausführung interessant, es sind auch die Gestalter, die hinter dem Konzept stehen. Mitunter drängt sich der Verdacht auf, dass die Straffälligen das Gefängnis bei so viel Freude am Gärtnern und bereits eingeheimsten Erfolgen gar nicht mehr verlassen wollen. 2009 gehörte ein Exjunkie und langjähriger Gefängnisinsasse, der heute Gedichte und Theaterstücke schreibt, zu den Preisträgern: Gemeinsam mit Obdachlosen und ehemaligen Sträflingen präsentierte er einen Garten und äußerte, dass er seine Arbeit als Hilfe für die Rechtlosen versteht, als Beitrag,

die am Abgrund der Gesellschaft Stehenden und Mittellosen
über das Gärtnern auf neue Bahnen zu führen.

Ein Foerster-Garten für die Briten

Unser Garten war also der erste aus deutscher Hand, der je in
Chelsea gebaut wurde. Er wollte dann auch noch ein »deutscher Garten« sein und wurde am Ende mit einer ehrenvol-
len, doch leider nur einer Silver Gilt-Medaille ausgezeichnet.
Inspiriert von Karl Foersters Senkgarten, der im Original
allerdings etwa viermal so groß ist, entwarfen wir eher eine
Puppenstubenversion, im Prinzip wie geträumt. Das Design
entsprach also eher einer Interpretation als einer eigenstän-
digen Gestaltung. Daher lag, um die Jury zu überzeugen, das
Gewicht auf den Pflanzungen, weniger auf festen Baumaß-
nahmen, auch wenn Treppen, niedrige Mäuerchen und Wege
natürlich als wichtige Elemente dazugehörten. Aber es gab
keine Trockenmauern, sondern Hecken als Einfassungen,
und die Gesamtanlage der Pflanzung sollte etwas sehr Besonderes sein: Sie ging deutlich über Foerster hinaus und stellte
die drei großen Staudenbewegungen (siehe Kapitel »Pflanzen
in Gruppen, als Matrix, in Drifts«) des vergangenen Jahrhunderts dar.
Isabelle verwirklichte dies traumhaft und mit Zustimmung von
Marianne Foerster, der Tochter Karl Foersters. Sie schuf mit
diesem Garten – wie die englische Presse mehrfach schrieb –
eine neue Dimension des »Planting Style«. Für mich waren
und sind ihre Pflanzungen gleichsam feine klassische Musik in

allen ihren Variationen. Das zentrale Trendbeet im »Mingled Style« mit drei Sorten von Salbei (Salvia Mainacht, Caradonna und Viola Klose), Akelei und knalligfarbenem Geum, also Nelkenwurz, wertete die Jury als »Best colour combination in Show«, als beste Farbzusammenstellung. Seitlich boten wir traditionelle Foerster-Beete, die geradezu strotzten vor Rittersporn, von denen viele direkt aus der Foerster-Gärtnerei kamen, dazu Schafgarbe und weiße Pfingstrosen (Päonie »White Wings«). Die Pflanzungen hielten sich an Stil und Ideen von Karl Foerster: vier bis acht Pflanzen einer Sorte, zusammengestellt als Gruppe. (Wer es genau wissen will: Neben etwa zwölf Rittersporn, darunter Delphinium »Gletscherwasser«, »Berghimmel«, »Tempelgong«, »Ouvertüre« und »Völkerfrieden«, zeigten sich Paeonia »Duchesse de Nemours«, Artemisia »Powis Castle« und Achillea millefolium »Hella Glashof«.) Der dritte Pflanzstil in unserem Chelsea-Garten, hier das *German Border*-Beet genannt, im Schatten gehalten, war das vom Kontinent in England eingeführte *drift planting*, in Drifts, also »in Strömen«, in Wellenlinien gepflanzte Schattenstauden. Eigentlich sollte auch knallorangener Mohn im Beet stehen. Doch leider brachten wir diese nicht rechtzeitig zum Blühen. Ich hatte sie sogar durch die Gegend gefahren und in Treibhäuser gestellt, aber es hat nicht funktioniert. Auch so etwas passiert. Des Gartenkünstlers Pech – *the show must go on*, auch ohne Mohn.

Wie man ein Beet zu dieser Jahreszeit, es war schließlich Mai, in durch und durch fröhlicher Stimmung erscheinen lassen kann, dazu hatte sich Isabelle für unsere Beete neue Farb-

und Pflanzenkombinationen ausgedacht, gleichsam einer Patchworkpflanzung. Die Beete zeigten sich in Tönen von zitronensaurem Orange, Gelb und Blau, darin noch ein paar Gräser. Und als sollte es ein Kompliment der Natur sein, gesellte sich in unseren Garten, kaum war er fertiggestellt und das Wasser im Teich, ein Entenpaar, das während der fünf Showtage blieb, sehr zum Erstaunen der Besucher, die oft fragten, woher die charmanten Gäste denn kämen – »Also from Germany«, antwortete ich gern.

Das meiste hatten wir mit unseren eigenen Händen geschaffen, auch die Pflanzen in Stellung gebracht, die für die Show nicht eingepflanzt, sondern nur in Kübeln und Töpfen – bis zu dreißig Pflanzen pro Quadratmeter – so gestellt und mit humushaltigem Kompost abgedeckt wurden, dass das Auge sich täuschen ließ und der Betrachter den Eindruck bekam, hier wüchse alles aus der Erde. Auch um das tägliche Wässern kümmerten wir uns selbst, da lässt man ja keinen Fremden ran. Weil nach fünf Tagen alles wieder abgebaut, rausgerissen und der Erde gleichgemacht werden muss, werden auch Wege, Treppen und so weiter nicht sehr solide gebaut, gerade einmal so, dass die Queen sich nicht die Knochen bricht. Denn sie kommt, definitiv, zu jeder Show – und sie war da, auch bei uns, und das länger als geplant.

Montags kommt die Queen

Es ist der Tag der Eröffnung der Chelsea Flower Show, immer ein Montag, an dem die königliche Familie sich die Ehre gibt. Traditionell nicht gemeinsam und nicht zum selben Zeitpunkt. Zuerst kommen gewissermaßen jene unter »ferner liefen«, der Rest der Familie, zu denen etwa His Royal Highness Prince Richard, Duke of Gloucester mit Ehefrau Birgitte, HRH Duchess of Gloucester, gehören, auch HRH Prince Michael of Kent mit Ehefrau – kennengelernt habe ich sie alle, aber ihre Namen konnte ich mir nicht merken. Jedenfalls waren sie alle da.

Als dieser Teil der Familie weg war, kamen Prinz Charles und Camilla. So ist der übliche Ablauf, *the same procedure as every year*. Prinz Charles, der gern gärtnert und viel Gartenwissen besitzt, kennt Karl Foerster und schätzt seine Arbeit. Und wir kennen Prinz Charles, seit wir vor einigen Jahren einen Garten für ihn beziehungsweise unter seinen Augen anlegten. Das Projekt war aus einem Wettbewerb für den Elton Palace hervorgegangen, wo König Heinrich VIII. seine Kindheit verbracht hatte (das war der mit den sechs Ehefrauen, die jede ein besonderes Schicksal erfuhren – »geschieden, geköpft, verstorben, geschieden, geköpft, überlebt«, so der Abzählreim englischer Kinder). Das Anwesen gehört heute zwar nicht mehr direkt zum Königshaus, sein Erhalt liegt vielmehr in den Händen des English Heritage, einer staatlichen britischen Einrichtung, die sich um den Erhalt und die Pflege von archäologisch und historisch wichtigen Stätten in Großbritannien kümmert. Unsere Aufgabe bestand darin, in diesem historischen Park eine moderne Pflanzung und Gestaltung zu schaffen. Prinz Charles war der Schirmherr der Unternehmung, deren Wettbewerb wir gewonnen hatten, wohl gegen dreißig, vierzig andere Bewerber, und für die Isabelle die Pflanzung durchführte und ich den Masterplan entwarf. His Royal Highness The Prince Charles Philip Arthur George, Prince of Wales, Duke of Cornwall and Earl of Chester und als ältester Sohn der Queen immer noch Thronfolger des Vereinigten Königreichs, war auch während der Phase der Bepflanzung sehr an unserer Arbeit interessiert, und er eröffnete später auch diesen Park.

So war ein Kontakt entstanden – man kannte sich. Als er nun unseren Foerster-Garten durchaus fachmännisch, aber auch emotional interessiert und neugierig begutachtete, erst mit Camilla an seiner Seite, dann auch allein das Gespräch suchend, standen wir beieinander und sprachen unter anderem über Foerster. Dabei stützte er sich auf seinen adretten Spazierstock, der ihm durchaus eine männliche Zierde verlieh. Fast ein bisschen gedankenverloren stocherte er plötzlich mit diesem Stock in den Fugen meiner Wegepflasterung herum – zwischen den Mosaikpflastersteinen. Sie waren aus italienischem Porphyr in Mustern südländischer Segmentbögen in sandigen Untergrund gelegt, also nicht betoniert, denn sie sollten ja nach fünf Tagen wieder entfernt werden und bis dahin nur königliches Flanieren durch unseren Garten aushalten. Aber seine königliche Hoheit stocherte immer wieder während unseres Gesprächs vor meinen Augen zwischen den Steinen. Meinen erstaunten, sicherlich auch missmutigen Blick hat er wohl nicht bemerkt oder nicht bemerken wollen, sodass es mir irgendwann zu viel wurde und ich ihn bat, er möge doch bitte nicht so viele Löcher in meinen Weg pieksen.

Da lachte er nur und meinte, es seien doch *Royal holes*, königliche Löcher, die müssten doch erlaubt sein und könnten den Garten schmücken. Da war ich ganz anderer Meinung, denn auch königliche Löcher wollte ich nicht haben, was ihn seinerseits erst leicht empörte und dann verlegen machte – und ihn immerhin veranlasste, mit seiner königlichen Schuhsohle die selbst verursachten Löcher glattzutreten, etwa so wie ein Raucher, der seine Kippen auf dem Boden austritt. Beweisfotos liegen vor.

Als Höhepunkt, wenn der Thronfolger nebst Gattin das Gelände verlassen hat, kommt die Queen. Auch sie findet, wie die ganze königliche Familie, ihren Seelenfrieden im *gardening*. Doch wie gärtnert eine Queen? Nun, sie hängt sich einen englischen Spankorb über den Arm und knipst die verblühten Rosen ab.

Zwischen fünf und sechs Uhr dann der große Moment: die Queen. Verspätet, denn üblicherweise erscheint sie früher. Sie kam ohne Hut, in Pink – *very pink*. Farblich ein interessanter Kontrast zu unserem Staudengarten mit viel Blau, Rittersporn und Glockenblumen. Vier Stunden hatten wir auf sie gewartet, und ich hatte schon ziemlich viel Champagner getrunken. Das mache ich nicht täglich, aber dort ist das so üblich. Und wir hatten zweiundfünfzig Stunden nicht geschlafen, weil wir bis zur Eröffnung ohne Unterlass nur gepflanzt hatten.

Plötzlich kam die Queen auf mich zu, und da wusste ich nicht mehr, wie ich sie ansprechen sollte. Auf der Chelsea Flower Show schüttelt man die Hand, die die Queen mit Handschuhen verhüllt, da macht man keinen Knicks. Zuerst sagt man »Your Majesty«, danach nur noch »Ma'am«.

Also: »Ma'am.«

Mehr habe ich nicht geschafft.

Sie fragte: »Can you tell me something about your garden?«

Ob ich ihr etwas über meinen Garten sagen könne? – Ich war sprachlos. »Nein, aber sie kann es«, mehr ging nicht – und ich zeigte auf Isabelle Van Groeningen, die ihr dann alle Details erklärte. Die Queen war begeistert und blieb länger als geplant. Die königlichen Löcher ihres Sohnes waren zu diesem Zeitpunkt bereits beseitigt und vergessen.

Dann war der Moment für die geladene Öffentlichkeit gekommen, für jene zwanzigtausend Royal Gala Tickets, an die niemand rankommt. Die Sponsoren, die ganze Pakete dieser Vierhundert-Euro-Karten ordern und ihre Kunden einladen, pflegen auf diese Weise nicht nur ihr Image und polieren ihren Marketingauftritt, sie bringen auch Menschen zusammen, die wissen, dass sie etwas ganz Besonderes verbindet: ein Event, den ich als etwas ganz Weiches empfinde, schön und harmonisch anzusehen, wie die Gäste, die mit ihrem Champagnerglas durch die Gärten flanieren.

Jetzt kommt die Prominenz aus Politik, Wirtschaft, Fernsehen, Film oder Show, alles läuft hier durch, jeder ist gleich, ob Bob Geldof oder Tina Turner, Madonna oder Beatle Ringo Starr, Helena Bonham Carter oder Victoria und David Beckham oder Rod Stewart, über den es auf seiner Fanseite einmal hieß: »Rod ehrte mit seiner Anwesenheit am Stand des Rosengärtners Peter Beales die Präsentation einer neuen Buschrose namens Highgrove.« Das würde man in Deutschland wohl noch einem Volksmusiker zutrauen (oder durchgehen lassen), aber gewiss nicht einem Rocker, Punker, Hip-Hopper oder einer Toten Hose. Es ist schon sehr ausgeflippt, was in England seinen Weg in die Gartenwelt findet.

Das Geheimnis des Senkgartens

Nur am Abend der Eröffnung, während der Royal Gala, ist es erlaubt, in die Gärten hineinzugehen, nur an diesem königlichen Abend. Sonst können die Besucher lediglich an den beiden Längsseiten entlangspazieren und von dort in den jeweiligen Garten hineinschauen. 1998 hatte Chanel einmal einen von Meister Karl Lagerfeld »gestalteten« Garten gesponsert. Vielleicht wusste der Modedesigner, der zeit seines Lebens doch mehr mit Textilien als mit Pflanzen gearbeitet hatte, nichts von diesen Ausstellungsbedingungen, jedenfalls war rings um den Chanel-Garten eine riesige hohe Hecke gepflanzt. Es gab gerade mal zwei schmale Einblicke, sodass von den Tausenden Besuchern so gut wie keiner auch nur einen flüchtigen Blick in den Garten werfen konnte. Dem neugierigen Betrachter bot sich eine grüne Hecke als sichtschützende, für Blicke undurchlässige Wand, gleich dem Schallschutz an einer Autobahn, sodass das Lagerfeldsche Werk – wegen Ausschluss der neugierigen Öffentlichkeit – kurz vor der Disqualifikation stand.

Je mehr Übersicht und Einsicht ein Garten in Chelsea bietet, umso mehr kann man ihn auch mit den Besuchern teilen.

Das war uns sehr wichtig, und so erwies sich das Konzept des Senkgartens als ganz besonders vorteilhaft: Er liegt tiefer und kann daher von draußen nur von zwei Seiten, einer langen und einer kurzen, eingesehen werden. An der zweiten Längsseite treffen sich die jeweiligen Nachbargärten, ohne Durchgang.

Zwar beanspruchten wir von Anfang an, einen deutschen Garten anzulegen, aber was war nun wirklich deutsch an unserem Werk? Altmeister Karl Foerster, der Deutsche aus Berlin und Potsdam-Bornim, ist in England fast besser bekannt als in seiner Heimat. Er, der Staudenzüchter, als der er vor allem auf die Neugier der englischen Gärtner stößt, hatte den Senkgarten weiterentwickelt und ein Musterexemplar in Bornim mit einer Größe von gut elfhundert Quadratmetern gebaut. Diese Anlage ist restauriert worden und heute für Besucher geöffnet.

Wer sich also auf Foerster bezieht und einen von ihm inspirierten Senkgarten anlegt, der legt zugleich einen deutschen Garten an, allein was die Herkunft, die Tradition betrifft. Dann spielten bei unserem Chelsea-Garten Stauden eine tragende Rolle, die ebenfalls aus der Foerster-Gärtnerei stammten und in England sehr gefragt sind. Käme noch die eine Hälfte des Gartengestalterteams dazu, also eine gebürtige Deutsche neben einer Belgierin – und damit hat es sich dann auch schon mit dem deutschen Anteil an diesem Garten.

Aber die Tradition des Senkgartens, im Foersterschen Verständnis mit dem Konzept des Staudengartens weitergeführt,

stand tatsächlich im Blickfeld unseres Entwurfs. In diesem
Zusammenspiel war es dann doch ein deutscher Garten.
Erfunden haben diese Form des Senkgartens um die Wen-
de vom neunzehnten zum zwanzigsten Jahrhundert aller-
dings die Engländer, sagt man. Er sollte Duftpflanzen einen
wirkungsvollen Rahmen geben. Aber aus einer Zeit lange
davor, aus dem sechzehnten, siebzehnten Jahrhundert der
Tudorzeit, kennen wir Packwood House in Solihull in der
Grafschaft Warwickshire, einen sehr berühmten schönen
Garten, heute vom National Trust perfekt renoviert und
restauriert. Auf einem riesigen Rasenplateau entdeckt der
Besucher schon von Weitem eine Hecke, die sich ihm in ihrer
Bedeutung zunächst nicht erschließt, zu der er sich jedoch
hingezogen fühlt. Erst aus unmittelbarer Nähe bietet sich ein
Blick in einen abgesenkten Garten, der voller Blumen und
in der Mitte mit einem Wasserbecken ausgestattet ist. Wenn
man hier eintritt und sich auf einen Stein setzt, fühlt man
sich plötzlich wie in einer kleinen Blumenkapsel mit ganz
anderen Empfindungen, als man sie draußen hatte. Von außerhalb des Senkgartens ist man Beobachter, von drinnen ist
man Akteur, Teil der Blumen, der Farben, des Duftes sowie
der Geräusche von Wasser. Wer draußen ist, hört nichts von
drinnen, und wer drinnen ist, ist in einer anderen Welt und –
nicht nur akustisch – abgeschirmt von den Hunderten von
Menschen, die durch den Park laufen, da er ja öffentlich ist.
Dieses bezaubernde Kleinod ist wie eine eingesenkte Insel –
und vermutlich fast zweihundertfünfzig Jahre alt.

In Chelsea war es mir zwar wichtig, mit unserer Senkgarten-Variante solche Ideen und Befindlichkeiten für den Betrachter anzudeuten, aber es war in dieser Vollkommenheit natürlich nicht zu kommunizieren. Dennoch hatte ich mich mit Prinz Charles nicht nur über die Löcher seines Stocks in meinem Pflasterweg ausgetauscht. Wir sprachen vor allem über Foersters Idee des Senkgartens, die Prinz Charles kommentierte: »It's a completely different quality«, also eine ganz andere Qualität, in dem Garten zu stehen, in dem man nicht bloßer Betrachter ist und von drinnen nach draußen schaut, vielmehr ist man im Garten, bleibt im Garten, ist selbst Garten – ein Teil davon.

In einem Senkgarten finden die Pflanzen günstigere klimatische Bedingungen vor. Sie sind vom Wind besser geschützt und nutzen die größere und länger anhaltende Wärme der von der Sonneneinstrahlung aufgeheizten Mauern. Es lassen sich mitunter sogar andere Pflanzen setzen als oben auf der offenen Steppe, wo sie den Elementen weit mehr ausgeliefert sind. Auch die Feuchtigkeit hält sich im Senkgarten länger als im freiliegenden Boden, der durch Wind und Sonne schneller austrocknet. Das ist gerade für meine neue Umgebung, Berliner und Brandenburger Verhältnisse, ideal, wo es immer besonders trocken ist und immer trockener zu werden droht. Drunten im Senkgarten gibt es sogar weniger grimmigen Frost. Schließlich entfalten sich und wirken die Pflanzen hier ganz anders als in einer Rabatte: Die Stauden, Gräser, Kübelpflanzen und Gehölze haben im Senkgarten die wirkungsvollsten aller Bühnen. Das war auch schon ein Credo von Karl Foerster.

Die Botschaft: Mit unserem Chelsea-Garten wollte ich mir selbst und uns beweisen, dass deutsche Gartenkultur der Welt etwas zu sagen hat. Wenn man auf fremdem Terrain, weit außerhalb der eigenen vier Wände, entfernt vom eigenen Grund und Boden seine Herkunft offenlegt und seine Werte zur Geltung bringen will, erscheinen sie einem selbst in einem ganz neuen Licht. Man lernt, anders damit umzugehen, man relativiert und kann Schlussfolgerungen aus den Reaktionen derer ziehen, die sich damit erstmals konfrontiert sehen. Möglicherweise findet man selbst einen neuen Zugang oder neue Facetten.

Alles hatte genau in diesem Spannungsgefüge begonnen, nämlich mit der Frage, warum die Engländer eigentlich einen deutschen Garten haben wollen oder sich zumindest so offen dafür zeigen – ganz gleichgültig, was nun im Detail daran eigentlich deutsch ist. Sie waren begierig auf etwas Neues. Andere fragten sich eher irritiert bis ablehnend: Was macht Frau Pape mit einem deutschen Garten auf der Insel, in dem Land, in dem sie seit über zwanzig Jahren lebt und erfolgreich in ihrem Beruf arbeitet – sie hätte sich doch auch etwas ganz anderes einfallen lassen können. Nicht wenige Kollegen waren der Meinung, ich hätte nicht alle Tassen im Schrank, ruinierte mir mit einer solchen Unternehmung meine Karriere, weil ein deutscher Garten nicht unbedingt der Hit sei und in England ohnehin kaum ankommen könne. So mancher fürchtete also, oder hoffte vielleicht im Geheimen, es könnte leicht danebengehen. Wenn die Pape einen deutschen Garten zur Chelsea Flower Show bringt, könne sie danach ihre Bude

zumachen – gemeint war mein englisches Gartendesignstudio
LANDART.

Doch dann war da etwas ganz Liebliches, etwas geradezu
Verwunschenes entstanden, ein Garten, der nicht nur bei
prominenten britischen Gartendesignern ganz oben auf der
Liste der sehenswerten Gärten stand und schließlich mit einem Preis bedacht wurde, einer Silver Gilt – für mich persön-
lich ein berufliches Highlight, eine große Ehre und ein Beleg
dafür, dass die deutsche Gartenkultur lebt, im Ausland gehört
und geachtet wird und in jedem Fall etwas zu sagen hat.

Von Deutschtümelei war und bin ich weit entfernt. Globaler
Weitblick geht für mich schon immer vor kleinteiliger Be-
schränktheit, meine Bewunderung gilt länger als ein halbes
Leben lang der englischen Mentalität und dabei auch der Art
der Menschen hier, mit dem Herzen zu gärtnern. Doch erstmals bot sich die Gelegenheit, den Engländern zu zeigen, was
sich in ihrem Gartenuniversum ereignen kann, wenn sie diese
deutsche Kopflastigkeit des Gärtnerns hereinlassen. Denn
Sachlichkeit scheint dem englischen Gärtnern zunächst zu
widersprechen. Der Engländer pflanzt seine Pflanzen dort,
wo er damit glücklich ist. Er will sich daran erfreuen und bestimmt dafür auch den Ort. Sein Herz gibt ihm die Richtung
vor und ist ihm Antriebsfeder. Des Deutschen Sachlichkeit
und Nüchternheit lässt Pflanzen hingegen dort wachsen und
gedeihen, wo die Pflanzen auf ihre Kosten kommen, wo die
Pflanzen gedeihen, wo die Pflanzen glücklich sind. Nicht der
Gärtner bestimmt nach seinem Glücksgefühl die Lage, er
richtet sich vielmehr nach der Pflanze, die ihm sagt, wo sie

hin will, wo sie gut anwächst und wo sie die schönsten Blüten hervorbringt. In Deutschland bestimmt die Pflanze den Ort. Dieser ökologische Hintergedanke findet in England ganz allmählich seine Anhänger. So hätte mein Garten in Chelsea auch das Motto tragen können: Wo Kopf und Herz sich treffen. Das war mein Programm, das sollte meine Botschaft sein. Karl Foerster war es, der alle möglichen Pflanzen irgendwo hingesetzt hat, auch wenn sie da gar nicht sein wollten – denn er hat so lange gezüchtet und experimentiert, versucht und ausprobiert, bis die Pflanzen schließlich an diesem Standort auch glücklich wurden. Auf diese Weise befähigte er seine Schützlinge, sogar im Sandboden zu leben. In der »Streusandbüchse des Heiligen Römischen Reiches«, der Mark Brandenburg, suchte er zudem aus der Natur die Pflanzen heraus, die da auch sein wollen, die solche Böden und klimatischen Bedingungen mögen. Dieser Ansatz, diese Art des Umgangs mit Pflanzen galt immer als sehr deutsch, und was sich daraus entwickelt hat, sind bezaubernde, romantische Gärten.

Wir freuen uns über alles, was an den verschiedensten Orten wachsen will. Dass es in der Sandwüste um die Botanik nicht gut bestellt ist, muss man akzeptieren. Die einen leben damit, die anderen kümmern sich nicht weiter darum, wiederum andere versuchen das zu ändern. In Karl Foersters Gärten und folglich auch bei den an ihm orientierten Pflanzungen, die in zwei Bereichen unseres Chelsea-Gartens entdeckt werden konnten, waren die Pflanzen sehr wohl aufeinander und ökologisch abgestimmt: Wir zeigten diese neue deutsche Bewegung im Garten und wir versuchten, einen Eindruck davon zu vermitteln, wie die Natur selbst die Pflanzen und ihren Standort sehen würde. Hilft man dem Boden ein bisschen nach, dann entsteht eine Symbiose aus deutscher Sachlichkeit und Präriepflanzung, angereichert durch das große Angebot von Pflanzen aus der ganzen Welt, dessen wir uns heute bedienen können und das eine solche Vielzahl und Vielfalt an Gewächsen zu uns bringt, die sich, obwohl sie hier gar nicht heimisch sind, auch bei uns wohlfühlen.

Und das Ergebnis? Es sollte zu einer Show gehören, Dinge zu zeigen, die unerreichbar scheinen – im ersten Moment! Die Menschen sollen begeistert werden, wie in der Modebranche durch die Haute Couture, wo die neuesten Kreationen oftmals als Kunstwerke betrachtet werden, vorgeführt auf dem Laufsteg, abgebildet in den großen, millionenfach gedruckten Hochglanzmagazinen, auf Fotos bestaunt in der Gewissheit, dass der Betrachter solche Modelle niemals wird besitzen können. Doch wenn dann ein, zwei Jahre vergangen sind, kommen Trendklamotten in die Läden und Kaufhäuser, die von den vermeintlich unerreichbaren Kunstwerken der zurückliegenden Jahre inspiriert sind, die vage an sie erinnern oder auch nur Elemente davon enthalten, die nun aber für jedermann tragbar sind. So entstehen Stilrichtungen für das breite Publikum, die Leute werden verführt, sich in Dinge hineinzudenken, von deren Glanz sie vielleicht einmal ein kleines Stückchen abbekommen.

Ganz ähnlich ist es mit den Gärten einer englischen Gartenschau. Es gibt kaum Engländer, die zu Hause einen Showgarten haben. Aber sie gehen zur Show oder sie informieren sich ausführlich, um sich entweder als Besucher an einem bestimmten Tag oder als Medienkonsument in einem Magazin zehn perfekte Gärten anzusehen, sich daran zu erfreuen, daran Spaß zu haben und daraus Schlussfolgerungen für den eigenen Geschmack zu ziehen. Nicht gleich für den eigenen Garten, zunächst einmal für das eigene Bewusstsein: etwas Neues denken, etwas Unbekanntes zulassen, etwas noch nicht Gesehenes mit dem Vertrauten zusammenführen. Jeder hat die Möglichkeit, sich zu fragen oder festzustellen, wohin seine Neugier führt, ob er diesen oder jenen Garten selbst gern hätte oder Elemente davon übernehmen würde oder ob er mit Gärten konfrontiert ist, die er ablehnt, weil sie zum Beispiel zu modern oder zu farblos sind, zu geradlinig oder zu verspielt, zu fremd oder doch zu bunt. Wenn die Menschen neue Eindrücke in sich aufnehmen, in Form von Erinnerungen in ihren Köpfen, in Form von Empfindungen und Emotionen in ihren Herzen, dann haben wir unser Ziel erreicht.

Jeder kann und jeder wird darüber hinaus auch eine Idee mitnehmen. Hier entdeckt jemand in einem Beet drei Pflanzen, die ihm gefallen, wie sie zusammenstehen und wie sie sich zwischen den anderen hervortun. Das wird bemerkt, das wird notiert und hinterher vielleicht für den eigenen Garten adaptiert. Oder es wird schon nach der nächsten Entdeckung im übernächsten Showgarten verworfen, weil eine andere Idee noch mehr anregt. In diesen Showgärten sehen die Besucher, was sie zu Hause nicht haben. Hier wird Lust gemacht auf bislang Unbekanntes, nicht Gesehenes, Fremdes.

Bei einem Showgarten und in meiner täglichen Kommunikation mit den Gartenliebhabern orientiere ich mich an dem Erstaunen, der Überraschung, dem Pfeil ins Herz – das ist mir wichtig. Niemand soll etwas gezeigt bekommen, das sie oder ihn resignieren lässt, weil sie oder er glaubt, das im eigenen Garten nicht hinzukriegen. Vielmehr setze ich auf Begeisterung und Glücksgefühle, und wenn ich diese als Reaktionen auf ein Beet oder einen Gartenentwurf empfange, dann weiß ich, dass ich etwas in Bewegung gesetzt habe.

Der geborgte Blick

Ein Senkgarten vereint in sich zwei völlig verschiedene, eigentlich Gegensätze ausdrückende Charaktere, die grundsätzlich zu unterscheiden sind: das Introvertierte und das Extrovertierte. Im introvertierten Garten wohnen keinesfalls in sich gekehrte, nach innen gewendete Menschen. Dieser Garten zeichnet sich dadurch aus, dass er in sich die ganze Spannung halten muss. Seine Kraft kommt von innen heraus. Er kann sich keine Anleihen oder zusätzliche Wirkungen aus der Umgebung nehmen, etwa weil das, was um ihn herum ist, nicht schön ist oder nicht zum Garten passt oder weil er hermetisch abgeschlossen ist, im Extremfall ein Innenhofgarten, der von Hauswänden begrenzt ist. Der Fokus wird beim introvertierten Garten von allen Seiten nach innen gerichtet. Ein Draußen bleibt ausgeblendet, bleibt unbeachtet. Jenseits der Gartengrenze, wie eng oder weit diese auch gezogen sein mag, gibt es kaum etwas, das in Bezug zum Inneren steht.

Im Kontrast dazu ist ein Landsitz meist extrovertiert angelegt, das heißt unter Miteinbeziehung der Landschaft, die vom Garten als zusätzliche Dimension genutzt wird. Optisch schöne Wege, Blicke oder Blickachsen werden integriert – etwa hin auf ein Nachbargrundstück mit herrlichem Baumbestand, ein Waldstück, eine Wiese, Weide oder Hügelkette. Die Aufmerksamkeit des Betrachters wird über die innere Gartengestaltung hinaus in eine Richtung oder auf Elemente gelenkt, die dem Garten zusätzliche Spannung verleihen. Dabei ist es auch möglich, Hässliches auszublenden. Nicht dadurch, dass es versteckt wird, sondern dadurch, dass man es den Betrachter gar nicht wahrnehmen lässt. Der Blick darf umgelenkt, das Auge darf abgelenkt werden, es nimmt die Zusatzangebote wahr und verbindet sie mit den Gegebenheiten des Gartens, es integriert diese Angebote womöglich in ihn hinein. Dieser geborgte Blick, *the borrowed view*, holt etwas Vorhandenes, etwas Vorgegebenes aus der Welt da draußen herein ins eigene Paradies, er bringt dieses eigentlich Fremde in Einklang mit dem Garten. Mit anderen Worten: Man borgt sich das, was man im eigenen Garten nicht hat, wie Tiefe etwa oder Weitblick.

Ist ein Senkgarten in eine Landschaft integriert, besitzt er meist beide Qualitäten, das Introvertierte und das Extrovertierte: Wer von draußen hinein- oder auch »hinunter«-sieht oder sich darin aufhält, dem offenbart sich zunächst der nur für sich selbst gestaltete Garten. So dominiert sein introvertierter Aspekt. Man kann aber auch über den Garten hinwegschauen, man kann von außen über die Tiefe hinwegsehen, etwa bis zu einer begrenzenden Pergola, hinter der normalerweise die Natur weitergeht.

Oder von einer Treppe aus, die ja Teil des Senkgartens ist, richtet sich der Blick in den vor den Füßen des Betrachters liegenden Garten, sodann weiter hinaus, in Fortführung des Gartens über seine Grenzen hinaus, wo sich eine schöne Umgebung oder Landschaft offenbart, die miteinbezogen werden kann. Dieser Blick vom Garten in die Umgebung kann auch noch ein oder zwei Stufen tiefer eingefangen werden. Noch einmal ein paar Stufen tiefer, in der Wasserbeckenebene, offenbart sich der Garten dann ganz in seinem introvertierten Charakter.

Die Konzentration auf die Spannung des Gartens »an sich« wird durch ein eventuelles Geräusch des Wassers noch wesentlich erhöht. In meinem Chelsea-Garten gab es jedoch ein stilles, also geräuschloses Wasser, denn alles andere wäre mir bei dieser geringen Größe der Anlage zu viel gewesen. Man muss als Designer auch die Angst vor einem möglichen Vakuum, diesem drohenden *horror vacuum*, überwinden, also die Angst vor der Leere. Ein großer Fehler vieler Designerkollegen ist es, alles, was sie gerade an Ideen im Kopf haben, ihrem Gartenentwurf aufzuzwingen. Der Mut zum Weglassen ist gefragt. So habe ich mit dem Geräusch auf ein Element des introvertierten Gartens verzichtet und die Stille gewählt. Normalerweise ist im Senkgarten das Geräusch sehr wichtig, weil man das Wasser von außen kommend noch gar nicht sieht, aber durch sein Plätschern angezogen und neugierig gemacht wird. Wenn man dann in der Tiefe des Senkgartens angekommen ist, kann man in sich gehen. Es ist, als ob man über die Stufen auch ins innere Ich ginge. Dort »unten« befindet sich ein ganz anderer, eigener Raum, von dort unten kann man nicht mehr nach draußen schauen. Der Blick erfasst die bepflanzten Hänge der Senke, verweilt an den Stauden, Blumen und Gräsern und endet an den Hecken, die den Garten einfrieden. Hier können wir ganz bei uns sein, nur der Himmel über uns vermag die Begrenzung aufzuheben.

Theater, Theater,
das ist wie ein Rausch

E igentlich sind wir ein Theaterunternehmen. Das ist nicht weiter verwunderlich, ist Garten doch eine große Inszenierung, ein immerwährendes Schauspiel, das ganze Jahr über.

Vielleicht bin ich nur Bühnenbauer, vielleicht Bühnenbildner, auch Intendant. Gerne doch. Immerhin bin ich für das Permanente, die Räumlichkeiten, die Bühnen, verantwortlich. Plane am Reißbrett, rackere mich durch den Baustellenmatsch, baue Mauern, Treppen und Terrassen, Wege und Zäune, schlage mich mit den Firmen herum, die die Drainage verlegen. Und dann kümmere ich mich um die Struktur und die Kulissen, die Böden und die Anlage der Beete und Rabatten, um Bäume, Sträucher und Hecken.

Unsere Kulissen wachsen zwar, aber sehr viel langsamer als alles andere, sie bekommen Blätter und verlieren sie teilweise wieder, sie blühen auch mal und lassen Früchte reifen, aber alles geschieht vorhersehbar, kontinuierlich, relativ gleichförmig, auf großer Langzeitskala. Keine Überraschung, kein Tages- oder Wochenrhythmus, da passiert wenig, wenn nicht gerade ein Kulissenteil stirbt oder dadurch einige Aufmerksamkeit auf sich zieht, dass er besonderer Zuwendung bedarf – Dünge mich! Beschneide mich! Ernte meine Früchte! Kümmere dich um mich! Ansonsten erregen sie wenig Aufsehen, sie sind einfach da, sie geben den Hintergrund. Spontane Ereignisse in kürzeren Intervallen gibt es in den Kulissen selten.

Eine Hecke kann lediglich mal beschnitten werden, dann sieht sie formal und strukturell ganz anders aus, aber sie bleibt

Teil der Kulisse. Bühnen können durchaus auch abgeräumt, Bäume gefällt, Hecken entfernt werden, aber dann sind sie nahezu unwiederbringlich beseitigt und nur mit großem Aufwand zu ersetzen. Die – langfristigen – Veränderungen dieser Kulissen sind oft nur auf fotografischen Zeugnissen wahrnehmbar, wenn nach Jahren, einem oder mehreren Jahrzehnten die Bilder miteinander verglichen werden. Da wirft eine einst neu gepflanzte Kastanie dreißig, vierzig Jahre später Schatten auf das vierte Stockwerk, da kann über Hecken nicht mehr zum Nachbarn geschaut werden, da ist der einst freie Durchblick in die umgebende Landschaft verbaut – aber das ist dann ein anderes Thema: Die Pflege der Kulisse kann angesichts der saisonaktuellen Bühneninszenierungen durchaus vergessen werden. Ihre ganz allmählichen, über die Jahre sich hinziehenden Veränderungen können auch mal im wahrsten Sinne des Wortes aus den Augen verloren werden.

Vor dieser Kulisse gilt es also, Jahr für Jahr, Saison für Saison die Show aufzubauen. Auftritte sind zu planen, zu gestalten, zu inszenieren – in einem ganz theatralischen Sinne. Keinesfalls nach starren Kriterien, denn es gilt: Alles kann, nichts muss. Jeder mag sein eigenes persönliches Verständnis einer gelungenen Show haben, die hier stattfindet, ob das nun eine opulente Wagner-Oper ist, ein Volksmusikstadel, eine Musicalshow der leichten Unterhaltung, ein intellektuelles Experimental-Event oder ein Bühnenzauber mit Glimmer-, Glitzer-, Nebel- und Special Effects. Entscheidend ist, dass der Betrachter während der Show aufmerken sollte: Wow, haben die Darsteller nicht schön, schrill, ausdrucksstark, zum

Dahinschmelzen oder geradezu göttlich gesungen, gespielt oder getanzt? Großer Applaus! Zugabe! Da capo!

Wie bei jeder guten Theateraufführung setzen auch unsere Garteninszenierungen einen herausragenden Regisseur oder auch Choreografen voraus. Auf meinen Bühnen inszeniert Isabelle: Isabelle Van Groeningen, in Belgien geborene, ebenfalls in Kew Gardens ausgebildete Meisterin des In-Szene-Setzens von allem, was in der Pflanzenwelt kriecht und klettert, wächst und gedeiht, sprießt und blüht, was sich formt und bewegt, duftet und rauscht.

Choreografien für den Garten zu schreiben, setzt ein gewaltiges Wissen voraus: Wann blüht eine Pflanze, wie blüht sie, wie viel Platz nimmt sie ein, blühend und nicht blühend, wann geht sie ein, was kommt danach? Hier können Höhepunkte erlebt werden, wie im wirklichen Schauspiel oder in einem schönen Konzert, hier geht es ins Adagio, und dann wird es wieder kräftiger. Es werden sich ändernde Jahreszeiten reflektiert, die Bedürfnisse des Herzens angesprochen, die sich ebenfalls jahreszeitlich ändern, wechselnde Farbbedürfnisse etwa – all diese Dinge kann ich wahrnehmen und sehen und mich daran erfreuen, aber nur sie kann dies in einem Garten realisieren. So wie Isabelle ihre Choreografien anlegt, wie sie ihnen Leben einhaucht, setzt es eine ganz besondere Berufung voraus, die eine hohe Qualifikation erfordert.

Wir arbeiten nun schon so lange zusammen, dass ich mit meinen Räumlichkeiten, den gezimmerten Bühnen und vorgestellten Farben Vorgaben mache, die sie unmittelbar versteht, kongenial erfasst, in die sie sich ein- und hineinfühlt. Wenn meine Gestaltung Beete vorsieht, die in den Schatten reichen oder nach einem Waldgarten verlangen, dann weiß ich, dass sie das erkennt, ohne lange Erklärungen oder gar Überzeugungsarbeit, und entsprechende Pflanzungen konzipiert. Sie weiß, ob meine Bühne ein Staudenbeet in Weiß, Rosa und Lila fordert, ob nur die *hot colours* zugelassen sind oder beides kontrastierend, ob bestimmte Pflanzungs- oder Aussaatstrukturen gefragt sind. Ich fühle, wie es auf der Bühne aussehen soll, kenne ja selbst sehr viele Pflanzen, habe Tausende im Studium kennengelernt – aber neben der Choreografin Isabelle spiele ich oft die Rolle derjenigen, die gern Musik hört, sie aber nicht schreiben kann. Ich schaffe mit den Bühnen verschiedenste Lebensbedingungen, Isabelle füllt sie mit Leben.

Ein kleiner Exkurs zur Bühnenarbeit

Das Wissen um die Pflanzen, um die Akteure auf der Bühne, ist einer ständigen Veränderung unterworfen. Ein Wissen, das nie auf einem einmal erreichten Stand stehen bleiben kann. Es gibt immer neue Sorten, Verbesserungen werden registriert – wir nennen das »Gartenwertigkeit«. Da muss man dranbleiben. Schon Karl Foerster hatte sehr viel Gewicht auf einen hohen Gartenwert der Pflanzen gelegt. Damit meinte er, Pflanzen müssen gut für sich stehen. Wenn man sie aus der Wildnis nimmt, sind sie kleiner, weil sie von Natur aus darauf eingerichtet waren, stabil zu sein, nicht umzufallen.

Dann wurden solche Pflanzen auf größeres Wachstum gezüchtet, weil man sie immer größer, besser, länger haben wollte. Doch mit ihrem Höherwachsen ließ ihre Stabilität nach, sie fielen um, was Foerster als nicht gartenwertig ansah, weil solche Pflanzen gegen die Natur gestützt werden müssen.

Aus der Landwirtschaft kennen wir die Veränderung des Weizenwachstums: Früher entwickelte sich der Weizen in beträchtliche Höhe, was aus ihm herausgezüchtet wurde, weil er immer umfiel. So erreicht der Weizen heute fast nur noch die Hälfte seiner ursprünglichen Höhe. Aber die Probleme bei den Züchtungen sind gravierend: Wenn man aus einer Pflanze etwas herausnimmt, um diesen Teil durch etwas Neues zu ersetzen, nimmt man der Pflanze zugleich eine Kraft. Gene müssen komplett sein. Wird eines entfernt oder herausgezüchtet, wird eine Fähigkeit hineingeschoben, die die Pflanze zuvor nicht hatte, dann wird sie geschwächt.

Die gartenwertigen Sorten müssen wir bei unserer Bühnenarbeit genau kennen, sonst sind wir zum Scheitern verurteilt, oder wir können immer nur die gleichen Pflanzen verwenden. Die Folge wäre – und schauen wir uns kritisch um, dann ist genau dies das Problem so vieler Kleinbühnen, Laientheater und, sehr viel schlimmer, vor allem staatstragender hoch subventionierter Festspielhäuser unserer Branche – Eintönigkeit, eine immer gleiche Langeweile auf diesen Bühnen. Es mangelt an Kreativität, innovative Entwürfe bleiben auf der Strecke.

Die Holländer züchten, die Belgier züchten, die Engländer und die Franzosen züchten, die Italiener weniger, auch die Deutschen züchten – und hinsichtlich des Wissens um neue Sorten oder neue Farben, die nicht immer besser und schöner, die auch mal grässlicher sein können oder eine völlig veränderte Herbstfärbung zeigen, müssen wir auf dem aktuellen Stand sein. Den holt sich Isabelle in Gärtnereien, auf Gartenshows, in großen Gärten und auf Konferenzen, sie bleibt dran, indem sie mit den Menschen spricht, indem sie sich einen Überblick über Neues und Neuestes verschafft, indem sie ihre Fachkompetenz erweitert.

Die Darsteller – allen voran die Diva

Der Regisseur beziehungsweise der Choreograf engagiert auch in unserem Metier die Darsteller. Auf der Suche nach neuen Talenten ist Isabelle permanent beim Casting, sie sichtet für spätere Besetzungen, sucht nach jungen und noch unbekannten Talenten. Dabei prüft sie die Eignung eines Kandidaten für eine bestimmte Rolle nicht nur hinsichtlich seiner individuellen Eignung, also seiner Standfestigkeit, seiner Ausdauer, seiner Wirkung, seiner Aura. Sie achtet auch auf sein Zusammenspiel mit anderen Akteuren, die schon fest besetzt sind oder die sie zumindest fest im Blick hat. Doch vor der endgültigen Entscheidung über einen neuen Akteur steht oft auch eine Phase der Erprobung. Manche Rollen lassen sich nicht oder nur schwer mit bereits bewährten Darstellern besetzen. Alternativen zu finden erweist sich dann nicht selten als recht aufwändig oder kann doch auch das Ergebnis eines schönen Zufalls sein.

Betrachten wir die einzelnen Rollen, die im Grunde für jedes Bühnenwerk zu vergeben sind, sei es eine kleine Vorgartensinfonie oder das abendfüllende Drama in fünf Akten auf mehreren tausend Quadratmetern. Eine zieht alle Blicke auf sich: die Diva. Ihr gilt die allererste Aufmerksamkeit auf der Bühne des Gartens. Alle Welt schaut auf sie, alles ist auf sie gerichtet, möchte sich geradezu vor ihr verneigen, vor der Schönsten und Prächtigsten. Dankbarkeit kommt auf, dass sie sich die Ehre gibt. Diese Anmut, diese Eleganz, dieser Wohlklang, diese Noblesse! Sie ist ein Geschenk. »Theater, Theater, das ist wie ein Rausch. Der Vorhang geht auf, dann wird die Bühne zur Welt.«

Doch charakterlich, wen mag das verwundern, ist sie nicht ganz einfach: Manchmal sehr empfindlich, ja zickig und schwierig, und meist braucht sie mehr Pflege als alles um sie herum. Man muss sich um sie kümmern, um sie ganz besonders. Da haben die anderen Darsteller im Ensemble zurückzutreten. Aber ihr kommt die Rolle zu, die Massen anzuziehen, das Interesse aller auf sich zu ziehen. Sie hat nur eine kurze Blüte, diese aber ist von ganz besonderer Opulenz. Und dafür nimmt sie, wie es sich für eine Diva geziemt, viel Platz ein.

Die Pfingstrose zum Beispiel. Sie hat einen großen, geradezu pompösen Auftritt, wuchtig und schwer, aber die Grazie ist unvergleichbar, wie schon Karl Foerster betont hat. Und was er noch feststellte in seiner ihm eigentümlichen Ausdrucks-

weise: Die halb geöffneten Blüten »durchlaufen in Durch-
leuchtungen immer neue unerwartete Phasen der Farben- und
Formenentfaltung von feierlicher Zartheit … Das Licht findet
in diesen Schönheitslabyrinthen Entfaltungsmöglichkeiten
wie kaum in einer anderen Blume.«[4]

Doch nur der Augenblick zählt. Denn leider hält der Zauber
gerade einmal zwei Wochen an, vorausgesetzt, dass es nicht
regnet oder die Hitze nicht zu groß wird. Die Pfingstrose, die
schon im Mittelalter den Weg von den Klostergärten in die
Bauerngärten gefunden hatte, stand früh für Reichtum und
weibliche Schönheit. Wenn sie sich da im Beet während der
Frühsommerbacchanalien feiern lässt und von allen Seiten
Bewunderung und Beifall erfährt, dann ist sie der unum-
schränkte Mittelpunkt, und alles andere gerät zur Nebensa-
che. Rivalisierende Neider haben da keine Chance. Und was
hat sie erst für dramatische Sortennamen: Sarah Bernhardt,
Duchesse de Nemours, …

Eine andere Diva: Mohn! Der große orientalische Mohn,
mehrjährig, braucht ebenso viel Raum. So viel Aufregung
vermag diese Diva zu verbreiten mit ihren kräftigen Stilen
und behaarten Blütenknospen: Wie diese Knospen dicker
und dicker werden und plötzlich eine kleine rote Zunge
herausschaut, dann die Schutzhülle abfällt und die ersten
Blütenblätter sich zeigen, gleichsam zusammengefaltete Sei-
dentücher, die schnell gebügelt werden wollen – und schon
präsentieren sie sich in schönster Pracht. Ein dramatisches
Ereignis. Kaum eine Blüte, die das Bild der Operndiva besser
zum Ausdruck bringt.

Und ihre ganz besondere Empfindlichkeit erst! Platzregen ramponiert unsere Mohn-Diva völlig, wie eine schöne Frisur, die im Regen ohne Schirm schutzlos in sich zusammenfällt. Graues Wetter ist ihr ebenso ein Graus, zu große Hitze lässt sie schwer atmen. Doch wenn Wetter und Temperatur stimmen, kann sie ihre erotische Ausstrahlung in liebesberauschender Vollkommenheit ausspielen. Schon der Dichter Paul Celan hat damit seine Schriftsteller-Geliebte Ingeborg Bachmann reich, ja überreich beschenkt: Ihr Zimmer sah aus wie ein Mohnfeld, wenn er sie besuchte.

Die Mohn-Diva kommt aus heißen Gegenden, Persien zum Beispiel, wo die Hitze so gnadenlos brennt, dass die Pflanze nach der Blüte zu einer Ruhepause gezwungen ist, Winterschlaf im Sommer, um dann mit dem ersten Herbstregen wieder zur Besinnung zu kommen und neu auszutreiben. So bleibt sie wintergrün, und ihre Blätter stehen den Winter hindurch im Beet.

Noch eine Glanzvolle: die Steppenkerze mit ihrer gigantischen spinnenförmigen Wurzel, im Frühsommer bis über zwei Meter hoch. Wer drei davon pflanzt, kann sich im Folgejahr an sechs Blüten begeistern, wenn jede Wurzel zwei Kerzen entwickelt, und im dritten Jahr – vielleicht keine oder eine. So können sie sein, so müssen wir mit unseren Diven leben: Ausgeprägt zickig reagieren sie auf kleinste Unregelmäßigkeiten.

Zwei oder gar mehr Diven zur gleichen Zeit auf die Bühne zu bringen sollte man tunlichst vermeiden. Man kann es, aber nur mit größter Vorsicht. Denn es kann passieren, dass sie sich nicht guttun, weil sie nicht gemeinsam wirken können – und wollen. Zwei Diven mit zeitgleichem Auftritt können zum Konflikt, ja zum laut ausgetragenen Streit führen, Zickenkrieg. Sie drohen sich die Augen auszukratzen. So hatte schon Foerster von der Streitsucht und der Verwöhnungsbedürftigkeit seiner Zöglinge gesprochen.

Nur der Einzelauftritt garantiert das Grandiose. Ihre Konkurrenz ist überdies auch für den Gärtner keine Freude. Wenn sie weit auseinander stehen, wenn jede ihren eigenen Wirkungsbereich, ihre eigene Bühne hat, dann mag das noch halbwegs funktionieren. Je näher sie sich kommen, je intensiver sie gemeinsamer Betrachtung ausgesetzt sind und somit die Bewunderung teilen müssen, umso mehr nehmen sie sich gegenseitig die große Wirkung. Gemeinsam können sie nur verlieren, weil auch der Applaus dann nur noch ein geteilter ist.

Und noch etwas gilt für alle unsere Diven, deren heftigen und lauten Auftritt wir nicht missen möchten: Wenn sie ihr kurzes Saisonengagement beendet haben und von der Bühne abtreten, hinterlassen sie eine große Leere im Beet. Ihr Abschied ist ein bisschen wie Sterben. Das muss überbrückt werden, wollen wir nicht in Trauer, Enttäuschung oder Langeweile zurückbleiben. Wer Diven liebt, muss für ihren Abgang rechtzeitig Vorsorge treffen.

Die weiteren Rollen

Hauptrollen brauchen unsere Inszenierungen für die Aufrechterhaltung des Geschehens. Sie stehen natürlich hinter den Diven deutlich zurück, stellen dennoch im Beet eine klar strukturierte Erscheinung dar. Katzenminze zum Beispiel. Sie spielt aufgrund ihrer extrem langen Blütezeit von Mai bis September im Ensemble des Gartentheaters mit einer verlässlichen Präsenz, stellt sich Diven selbstlos mit silbergrauem Laub, kleinen, unaufdringlichen zartblauen Blüten und eigener Anspruchslosigkeit als Unterstützer zur Seite, umschmeichelt sie zu ihren Füßen, verhilft zu einer zusätzlichen Projektionsfläche, um den Divenauftritt zum Triumph zu erheben. Sie verleiht ihnen einen besonderen Rahmen, ohne sich selbst in den Vordergrund zu spielen. Das würde der Katzenminze, räumlich zwar im Vordergrund stehend, schon wegen ihrer geringeren Größe nicht gelingen – sie zeigt diskrete Zurückhaltung. Bereits Gertrude Jekyll, die englische Gartenkünstlerin, hatte dies vor über hundert Jahren erkannt und erfolgreich genutzt.

Hauptrollen spielen solche Akteure im Gartentheater, die einen starken Charakter haben, über eine gute und lange Präsenz verfügen, die Performance, also die gesamte Darbietung, über einen größeren Zeitraum tragen und dem Beet eine gute Struktur geben. Auch Staudensalbei mit langer Blütezeit und guter Wachstumsstruktur eignet sich hervorragend. Gräser können ebenfalls sehr wichtige Hauptrollen übernehmen, da auch sie über lange Perioden Zuverlässigkeit zeigen, mindestens bis Weihnachten, oft bis ins Frühjahr hinein.

Dazwischen lassen sich Pflanzen einsetzen, die kommen und gehen, keine großen, aber notwendige Auftritte, manchmal nur eine Überbrückung, ein kleiner Übergang von einer tragenden Szene zur nächsten: Typische Nebenrollen, durchaus auch einmal bemerkenswert und aufsehenerregend, wenn man von den großen Aktionen und Gesten absieht oder gerade keine geboten werden – schließlich gibt es immer auch Preise für die besten Nebenrollen.

Frauenmantel mit seinen schaumigen Blüten und den traumhaft schönen, attraktiven Blättern, leicht behaart und oft von zurückgelassenen Regentropfen geschmückt, nimmt in jedem Fall eine interessante Nebenrolle ein. Würde er nicht über seine wunderbare Blattstruktur verfügen, wäre er eine nicht halb so attraktive Pflanze.

Schließlich Kleindarsteller und Statisten, sie mögen auf den ersten Blick vollkommen unwichtig erscheinen, aber in Wirklichkeit gibt es ohne sie keine Kontinuität. Sie garantieren den Bühnenbetrieb und verleihen dem Beet eine Fülle, eine Schattierung, eine Struktur, die nicht auf den ersten Blick wahrgenommen wird, denn dieser gehört der Diva, auch nicht unbedingt auf den zweiten Blick, denn vor ihnen kommen noch die Haupt- und Nebenrollen – aber sie stehen für eine Gesamtstimmung, einen Gesamteindruck, sie werden lange Zeit nur unbewusst, nebenbei, assoziativ wahrgenommen.

Es sind Hintergrundstatisten, die nur ein bisschen herumtanzen und La-la-la singen, die mit dem Hintern wackeln und ansonsten nur sehr wenig tun. Im Drehbuch unserer Inszenierungen werden sie kaum namentlich genannt. Aber sie halten so manches zusammen, nicht das große Ganze, aber die kleinen Szenen. Sie halten sich auch beim Übergang von der einen Diva zur nächsten diskret, aber anwesend im

Hintergrund – im angemessenen zeitlichen und räumlichen Abstand, versteht sich.

Unter den Statisten finden sich etwa Bodendecker, auch kleinere einjährige Pflänzchen, die sich wiederum selbst aussäen und von allein wiederkommen, die mit leichten Farbtönen oder Strukturen überraschen oder einfach nur, ganz unaufgeregt, da sind. Statisten sind für lange Zeit anwesend, ohne sich hervorzutun. Niemand wird sagen, sie seien schön, aber sie dürfen auch nicht fehlen, man mag ihre Anwesenheit. Das können kleine Walderdbeeren sein, völlig unspektakulär, nett, klein, auch zum Naschen geben sie bekanntlich etwas her. Als Bodendecker von beiläufiger Existenz dienen unsere Statisten dazu, dass sich kein Unkraut breitmacht, sie wachsen aber nicht so dicht, dass keine andere Pflanze zwischen ihnen leben kann.

Manchmal hat Isabelle die Aufgabe, für eine separate Rabatte ein Stück zu inszenieren, das den von ihr weniger geliebten Anforderungen nachkommt: Farblos oder monochrom, also einfarbig, die Dramatik sehr zurückhaltend, alles geht seinen geregelten, unaufgeregten Gang, ohne Opulenz, ohne spektakuläre Auf- und Abtritte. Dazu setzt sie ihre Akteure weniger als Schauspieler einer Bühneninszenierung ein, sondern eher als handelnde Mitarbeiter eines mittleren Unternehmens, einer Firma, in der es mehr um Akten und Abrechnungen als um Choreografien und Kostümaufzüge geht. Dort haben wir es dann mit einem Firmenchef zu tun, dem *big boss*, den jeder kennt, den jeder grüßt, immer leicht unterwürfig, der aber nur kurz vorbeikommt, die wichtigsten Papiere und Briefe unterschreibt, um gleich wieder zu verschwinden, zu einer Aufsichtsratssitzung oder zum Golfspiel. Dann gibt es diejenigen, die den ganzen Laden aufrechterhalten, angefangen bei den Abteilungsleitern, gut verdienend und hinter dem Rücken des Chefs wichtigtuend, daneben weitere Mitarbeiter, Sekretärinnen, Frauen an der Rezeption, Hausmeister, Putzfrauen, schließlich noch die …, ach, wie heißen die noch mal gleich? Richtig: die Namenlosen, die selten zu sehen sind, ganz unscheinbar agieren und auch nicht so richtig wichtig sind, etwa die auf der Poststelle. Und doch würde etwas fehlen – ohne sie würde der Betrieb zusammenbrechen, sie sind für die gesamte Struktur wichtig, aber auch ersetzbar. Und wenn es zu Kündigungen oder Krankheiten kommt, liegt auf weniger Schultern mehr Verantwortung. Auch dieses Spiel ereignet sich im Gartenbeet.

Gärten der Geschichte

E s ist für mich nicht vorstellbar, einen Garten nach einem
vorgegebenen Strickmuster, Verzeihung: Gartenplan
nachzuarbeiten. Der Gedanke einer solchen Aufgabe ist
nicht abwegig, stellt sich doch das Problem bei jeder soge-
nannten »historischen Rekonstruktion« eines Gartens oder
einer Parkanlage. Die Aufgabe besteht darin, etwas einmal
Geschaffenes, sei es vor siebzig, hundert oder Hunderten
von Jahren, nachzuzeichnen, zu wiederholen, wiederher-
zurichten. Hierzu braucht es ein anderes Gemüt.

Die Wiederherstellung historischer Anlagen birgt für mich
ein großes Fragezeichen. Denn bei einem historischen Garten
verändern sich die Bedingungen durch die Zeit: Schon rein
äußerlich können die Bäume in ganz andere Höhen gewachsen sein, sodass die einst in der Sonne gelegenen Blumenbeete
inzwischen im Schatten liegen. Hier krampfhaft an den eins-
tigen Beeten festzuhalten und historisch wahrheitsgetreu ein
Bild nachzuzeichnen, »wie es einmal war«, das wäre Unsinn,
weil die Pflanzen keine Chance auf jene Prächtigkeit haben,
die sie einmal hatten. Zudem: Gibt es überhaupt noch diese
Pflanzen, die hier einst Verwendung fanden? Würde der da-
malige Kreateur diese wirklich wiederverwenden oder würde
er nicht vielleicht lieber etwas Neues probieren, wenn er seinerzeit die heutigen Alternativen zur Hand gehabt hätte?

Ein Vergleich sei erlaubt: Einem Dirigenten des zwanzigsten
oder einundzwanzigsten Jahrhunderts stellt sich eine ganz
ähnliche Aufgabe, wenn er an der Aufführung einer Sinfonie
von Mozart, Beethoven oder Brahms arbeitet. Er geht mit
historischem Material um. Er spielt mit einem Orchester von

heute, er sammelt sich (meist) kein Orchester zusammen, das auf historischen Instrumenten spielt oder das genau so zusammengesetzt ist wie zu der Zeit, als die Komposition geschrieben wurde. Jeder Dirigent versucht, auf der Grundlage des Alten etwas Neues zu schaffen, eine Interpretation, die seine Handschrift trägt. Die Zeit ist weitergegangen: Die Instrumente wurden perfektioniert, die Musiker sind anders ausgebildet, viele Konzerthäuser verfügen durch ihre neuartige Architektur und andere Baumaterialien über eine moderne Akustik, und durch die Konservierungsmöglichkeiten von der Schallplatte bis zur CD und die perfektionierte elektronische Wiedergabetechnik haben sich unsere Hörgewohnheiten gravierend verändert. Ein Musikliebhaber hört heraus, ob Karajan oder Barenboim dirigiert, Furtwängler oder Simon Rattle am Pult steht – und doch spielen sie alle Mozart, Beethoven oder Brahms. Die Musik wird Ohren und Herzen von heute nahegebracht, ein Dirigent will nicht schablonenhaft etwas nachvollziehen oder wiederholen, was seit Jahren, Jahrzehnten oder gar Jahrhunderten zu hören ist. Sein Ziel ist es, mit einem ausgewählten Orchester einen einzigartigen, möglichst nie zuvor gehörten Klang hervorzubringen, für Ohren, die heute anders hören, für Herzen, die heute anders schlagen.

So muss man sich im historischen Garten die Freiheit nehmen, auf der Grundlage der alten Pläne, gleichsam die alten Partituren, etwas Neues zu schaffen, eine neue Interpretation der Komposition. Der Gartenarchitekt von heute sollte sich etwas einfallen lassen, das durchaus im Einklang mit den

Intentionen des historischen Gartenarchitekten steht, jedoch unter Berücksichtigung der veränderten Bedingungen.

Kommt also die Alternative infrage, die Bäume zu fällen? Manchmal ja, manchmal nein. Sie sind ihrerseits historisch gewachsen und gehören selbst zu dem zu erhaltenden Konzept. Vielleicht sah ja damals der Gartenarchitekt genau voraus, wie seine Anlage mit großen Bäumen einmal in hundert oder mehr Jahren aussehen würde.

Vielleicht einen Schattengarten anlegen? Das wäre zwar nicht im Sinne des historischen Gartenentwurfs, aber es könnte den Künstler von damals eher glücklich machen, wenn er sehen würde, was der »Interpret« einer zukünftigen Zeit im Zusammenwirken mit natürlichen Veränderungen aus seiner Anlage Neues schöpft, wie er dem Garten, dem Park auf diese Weise zu seiner Wiedergeburt oder zu einem Weiterleben in der Zukunft verhilft.

Auch im historischen Garten könnte es somit Überraschungen, Neuheiten oder Brüche geben, könnten Nuancen von Fremdem und somit auch Weiterentwicklungen mitspielen. Solche an sich fremden neuen Momente können zu einer Einheit mit den historischen Vorgaben verschmelzen. Man muss nur den Mut dazu haben, es zu tun, und das Vertrauen derer gewinnen, die am Erhalt des Historischen für die Gegenwart interessiert sind.

Das Festhalten an Paragrafen und Fakten in Form von alten Gartenplänen, die eins zu eins zu erhalten, nachzubauen und nachzupflanzen sind, halte ich für einen Anachronismus. Wer nur die Kopie des Alten haben will, wer die Rekonstruktion des Historischen als Selbstzweck verfolgt, der wird am Ende nur einen toten, emotionslosen Garten betreten, dem all jener Geist, all jene Kreativität fehlt, die den Garten zur Zeit seiner Entstehung ausgezeichnet hat.

Die Vermessung
des Gartens

W er nach grundsätzlichen Veränderungen seines Gartens sucht, um daraus etwas Schönes zu erschaffen, der muss ihn zunächst in seiner bestehenden Gesamtheit erfassen und verstehen. Ein Garten ist ein Kosmos im Kleinformat, ein Mikrokosmos, also etwas Ganzes, eine kleine Welt für sich und somit durchaus vergleichbar – und dies ist wahrhaft nicht überzogen – jener ganzen Welt, der sich vor über zweihundert Jahren der Forschungsreisende Alexander von Humboldt gegenübersah, als er sich der »physischen Weltbeschreibung« widmete. Ihm ging es um »die Erscheinung der körperlichen Dinge in ihrem Zusammenhange, um die Natur als durch innere Kräfte bewegtes und belebtes Ganzes«[5], wie er später einmal in einem Brief schrieb, als er seine Ergebnisse längst im Sack hatte, als sie schon veröffentlicht waren.

Dieses Tun hat Daniel Kehlmann in seinem wunderbaren Roman über die fiktive Begegnung zwischen dem Naturforscher Humboldt und dem Mathematiker Gauss auf den einfachen Begriff des Vermessens gebracht, eine Metapher, die die ganzheitliche Aneignung, das Verstehen und Erfassen unseres Gartens nicht besser treffen könnte. Er legte Humboldt in den Mund, was dieser durchaus gesagt haben könnte: Ein Hügel, von dem man nicht wisse, wie hoch er sei, beleidige die Vernunft ... Ein Rätsel, wie klein auch immer, lasse man nicht am Wegesrand.[6]

Wenden wir den Blick vom weiten Horizont der uns umgebenden Welt auf unseren Mikrokosmos Garten, so können bereits die erwähnten »Hügel« eine erste Klippe bei der

Vermessung darstellen. Jeder Gartenbesitzer, danach befragt, wie groß denn die vorhandenen Höhenunterschiede in seinem Garten seien, fühlt sich tatsächlich »in seiner Vernunft beleidigt«, wenn er nach fachmännischer Berechnung einräumen muss, dass die Höhen um mehr als einen halben Meter gegenüber seinen gefühlsmäßigen Schätzungen differieren. Die Vermessung des Gartens verfolgt viele Ziele und Zwecke, auf die noch einzugehen sein wird, insbesondere kann sie ein einzigartiges Dokument für den Gartenbesitzer entstehen lassen, das in seiner Anschaulichkeit und Präzision den Zustand, die Elemente, die Beschaffenheit seines Fleckchens Erde zu einem bestimmten, nicht wiederkehrenden Zeitpunkt festhält.

Dazu gehören neben den Höhen und Tiefen, sanften Erhebungen und Senken, das Haus und die Grundstücksgrenzen, Zäune und Hecken, Beete und Rabatten, Pflanzungen und Rasenbereiche, Bäume in ihrer genauen Position, aber auch die Stärken der Baumstämme und Baumkronen, Mauern, Treppen und Wege, einschließlich ihrer Verläufe und Materialien, Terrasse und Schuppen, Wasseranschlüsse und Kompostecke, Bodenqualität, Feuchtigkeit und Trockenheit, Spielflächen der Kinder mit Schaukel und Vogelhäuschen, Pergola und Teich, Sitzplätze, Grillplatz und Pavillon, Sonnenbereiche und Schatten zu bestimmten Tageszeiten, besondere Tiere von den Plagegeistern bis zum Hauskater, Blicke aus den Fenstern und den Türen, Blicke auf Haus und Terrasse vom Gartentor, der Garage und anderen markanten Punkten aus, Sichtachsen und Perspektiven.

Winzige Details sind nicht ausgenommen: Lauter unterschiedliche Materialien auf dem Weg zur Haustür – weil der Vorgänger keinen Waschbeton hatte, wurde Schiefer eingelegt, zur Ausbesserung kamen später ein paar Steine dazu, was gerade greifbar war. Zufall und Sparsamkeit reichten sich die Hände. Überall sind solche Zeugen aus früheren Jahren an und in Häusern und Gärten vorhanden, mit denen sich ihre Bewohner selten oder noch nie befasst haben: alte Pfosten, tote Hölzer, überflüssige Komposthaufen, anschlusslose Leitungen. Beim Vermessen des Gartens werden auch solche nie bewusst wahrgenommenen Dinge entdeckt und festgehalten. Wenn ich (garten-)ratsuchende Menschen auffordere, zunächst einmal ihr Naturareal zu vermessen, dann liegt mir in erster Linie am Herzen, dass sie sich mit diesem wertvollen Stückchen Land, ob groß oder klein, beschäftigen. Sie behaupten zwar meist von ihrem Garten, dass sie bereits sehr lange darin lebten, mein Eindruck ist aber oft, dass sie kaum etwas über ihn wissen. Das beginnt schon mit der ersten Skizze aus dem Kopf: Nach der ist alles klar, ungefähr jedenfalls. Doch das Bild, das man im Kopf mit sich herumträgt, hat meist wenig mit der Wirklichkeit zu tun. Das ist fast ein bisschen wie die Täterbeschreibung in einer Zeugenbefragung: Jeder hat ein anderes Bild von dem, was alle gesehen haben, jeder hat im Gedächtnis etwas anderes abgespeichert. Gemeinsam ist den Zeugen – in Fragen des Gartens sind es meistens die Ehepartner – eigentlich nur, dass sie ein falsches Bild haben. So dient die Vermessung des Gartens zunächst einmal der Kommunikation zwischen den Gartenbesitzern und dem Gartendesigner; der Philosoph würde sagen: der Suche nach Wahrheit.

Das Fremde im Eigenen

Beginnen wir ganz trivial: Wo genau steht im Garten der Walnussbaum? Mitten auf dem Rasen, mitten im Garten. Der Kompost ist ganz hinten am Zaun. Und der Rasen geht bis etwa drei Meter vor das Nachbargrundstück. Soweit, so gut. Wenn dann aufgemessen wird, stellt sich heraus, dass der Winterjasmin den halben Garten bereits aufgefressen hat; der Rasen ist somit nicht drei Meter, sondern schon sechs, sieben Meter vom Nachbarzaun entfernt. Das ging ganz schnell, weil in den vergangenen Jahren der Mut fehlte und das Wissen, wie geschnitten wird. Der Kompost steht nicht an der Gartengrenze, sondern anderthalb, zwei Meter davor, weil der Vorgänger immer Rücksicht auf den Nachbarn nehmen wollte. Dahinter aber ist alles verwachsen. Also ist überall Platz verschenkt, und der Walnussbaum steht dann natürlich optisch gesehen mitten im Garten, weil er auch immer weiter heranrückt – oder wegrückt, denn eigentlich steht er viel dichter am Haus. Der Vermesser hat die äußerst wertvolle Aufgabe, an alle möglichen Stellen zu kriechen, er macht sich auf den Weg in die Tiefen des Gartens.

Bald höre ich im Zuge der Vermessung die neuen Erkenntnisse: »Da gibt es ja Ecken in unserem Garten, da waren wir noch nie.« Und dabei handelt es sich keineswegs nur um große Gärten. Zum ersten Mal kommt bei den Besitzern das Gefühl auf, das eigene kleine Feld zu entdecken und zu registrieren, was da alles wächst. Fast gleichzeitig stellt sich die Frage: Will man das behalten? Es ist eine Frage, die über Leben und Tod entscheidet. Sich mit dem Lebenden im Garten zu beschäftigen, ist nämlich ein eigenartiges Phänomen: Da gibt es Dinge, die sterben seit zwanzig Jahren, wie jener Kirschbaum nahe der Terrasse. »Er ist krank, seit wir hier eingezogen sind, er hat noch nie richtig geblüht, er rollt immer im April kurz nach dem Austrieb die Blätter auf, dann rutscht so eine Grütze am Stamm entlang, grässlich und eklig.« Diesen Anblick bietet der Baum seit zwei Jahrzehnten, eine ganze Menschengeneration, keiner tut etwas für oder gegen diesen Kirschbaum in der Hoffnung, dass er irgendwann einmal blüht. Oder sich entscheidet, vollends einzugehen. Aber dann bitte ohne unser Zutun.

»Wie wäre es, ihn abzusägen und etwas Neues zu pflanzen, das einfach blüht und eine schöne Herbstfärbung zeigt?«

»Aber das wäre doch schade.«

Ist es wirklich schade, oder ist es nur die Angst, dem Baum, der dahinsiecht, den Rest zu geben? Wäre es ein Sofa, bei dem bereits die Sprungfedern herausschauten, hätte man längst das Kaufhaus aufgesucht, um für Ersatz zu sorgen, und das alte Sofa auf den Sperrmüll geschmissen. So oft, wie wir uns im Haus erneuern, erwarten wir draußen von der Natur, dass sie alles selbst macht. Wenn ein Baum jahrelang vor sich hin stirbt, dann ist das ein Gräuel, dem die Menschen tatenlos zusehen, obwohl sie längst Sterbehilfe leisten müssten. So etwas stellt man bei der Vermessung fest.

Oft zeigt sich ein ähnliches Bild bei anderen Pflanzen, die längst nicht mehr zu retten sind und vor sich hin krepeln. Also ist eine Entscheidung gefordert, was erhaltenswert ist und gerettet werden soll. Manch einer zeichnet als Resultat der Vermessung alles in seinen Gartenplan ein, führt alles auf – als Gartenplaner muss man sich dann durch jeden Strauch, durch jede Staude reden.

Dort wo es wuchert, wo Büsche sich doppelt und dreifach stark ausgebreitet haben, wird der Garten immer kleiner. So führt die Angst, etwas abzuschneiden, dazu, dass eine Dame, die ausgepflanzte Weihnachtsbäume als Hecke um ihre Terrasse herum kultivierte, sich nach achtzehn Jahren wunderte, dass sie in einem ausgewachsenen Fichtendschungel und immer im Schatten saß – sie klagte, dass ihr Garten so dunkel sei.

»Mal die eine oder andere Fichte fällen?«

»Aber es sind doch Weihnachtsbäume, von denen jeder in sich Erinnerungen trägt.«

Wir haben uns getraut, hier etwas freizuschlagen, seitdem ist in diesem Garten die Sonne aufgegangen – und auch im Herzen seiner Besitzerin, die bis dahin nicht wusste und nun überrascht feststellte, dass sie einen sonnigen Garten hat. Die Dunkelheit hatte sie nie mit ihren Pflanzen in Verbindung gebracht, sondern angenommen, das Haus sei eben ein gottgegeben und unveränderbar dunkles, das schon in seiner ganzen Düsternis erworben worden sei. Hier war Mut zur Veränderung gefragt, Mut, der oft nur von außen herangetragen werden kann. Menschen, die in ihrer Rolle als Sammler, als Hamsterer gefangen sind, gibt es auch in puncto Garten. Sie können nichts wegwerfen, sie können sich von nichts trennen, vor allem nicht von den alten vertrauten Dingen, die längst nicht mehr gebraucht werden. Sie leben in ihrer ewig alten Geschichte, in der Angst, es könnte keine neue mehr nachkommen.

Im Garten aber erleben wir, dass sofort Neues geschieht. Der Garten lässt – kaum haben wir uns vom Alten getrennt – Neues entstehen, schöner als je zuvor. Das keimende Samenkorn braucht nur Sonne. Die Mohnfelder sind ein schönes Beispiel: Plötzlich über Nacht ist alles rot, wo es zuvor farblos war, auf Feldern, die gerade umgepflügt wurden, musste die Saat erst aufgedeckt werden. In einem Garten, der jahrelang von Koniferen verschattet war und nun ein bisschen freigeschlagen wurde, damit die Sonne eindringen kann, gehen plötzlich Dinge auf, die hier nie zuvor gesehen wurden. Ein Gartenbesitzer, der noch kürzlich klagte, bei ihm wachse gar nichts, obwohl er schon so viel gepflanzt habe, kann jetzt sein Glück kaum fassen und erkennt seinen Garten kaum wieder. Manch einer entdeckt ganz hinten in seinem Grundstück – hinter Büschen und tiefem Gestrüpp, unter Schatten werfenden alten Bäumen – Bereiche mit sehr viel Humus, fruchtbarstem Boden, weil dort seit Jahrzehnten Menschen ihren Kompost entsorgt haben. Dort würde sehr viel wachsen, käme nur das nötige Licht herein. Erst mit der Vermessung finden die Menschen diese Orte im eigenen Garten, wie Humboldt einst in fremden Ländern »eine Fülle des Lebens« fand.

Mit der Vermessung des Gartens werden sich die Menschen bewusst, von welchen Dingen sie sich trennen wollen. Das ist für die meisten neu, manchmal schmerzhaft, aber nach meiner Erfahrung hat es noch keiner bereut. Plötzlich kann der Schuppen weg oder er kann deutlich kleiner werden, weil keiner so richtig dran hängt. Ein neuer kann her, vielleicht an ganz anderer Stelle. Hier stehen die Bäume, dort ein paar Büsche, die sollen bleiben, die Rosen werden sehr geliebt, aber der Rest steht zur Disposition. Die Vermessung führt zur Klarheit, in welche Richtung der Garten verändert werden soll – nicht nur wovon man sich trennen will, vor allem auch, was man positiv neu haben möchte. Die Probleme werden dabei erkannt, werden bewusst gemacht. Die Botschaft lautet: Vermesse deinen Garten, und du wirst ihn erkennen und erfahren, was du darin ändern willst. Dir wird Klarheit über deinen Garten zuteil.

Wenn ich zur Vermessung auffordere, hole ich die Menschen in ihrem Garten ab, denn sie wollen von mir beraten werden, suchen nach neuen Ideen und Konzepten, die ich aber nicht unabhängig von ihnen, die ja dort leben werden, entwickeln will. Voraussetzung jeder Beratung ist das Wissen um den eigenen Wert und das Wissen um die eigenen Neigungen und Empfindungen. Wem dieses Wissen fehlt, der kann nur einen theoretischen Rat erwarten, einen emotionslosen, ohne Herz, wie aus einem Modellkatalog. Aber einen solchen Rat findet er bei mir nicht.

Den Wert (v)ermessen

Der Vermesser eines Gartens wächst mit der Aufgabe. Dafür muss er sich anstrengen, was auch mit Emotionen verbunden ist. Er spürt den Raum, erfährt den Wert, den er besitzt, nicht monetär, vielmehr ideell. Er bekommt erste Ideen, wie viel mehr er aus seinem Garten machen kann und wozu er das tun will. Plötzlich ist er ganz ausgehungert nach weiteren Ideen, trägt Wünsche, Sehnsüchte und Hoffnungen im Herzen, die ich ihm zu erfüllen versuche. Und schon ist es eine hoch emotionale Angelegenheit. Manch einer schämt sich angesichts der Erkenntnis, so viele Jahre diese Werte seines Gartens brachliegen gelassen zu haben. Schnell kommen die Entschuldigungen, die Kinder seien ja noch klein gewesen und brauchten viel Rasen ... Aber warum Vorwürfe? Ist es nicht großartig, sich überhaupt Gedanken zu machen, etwas verändern zu wollen? Außerdem es ist ja mein Anspruch, Design jedem zugänglich zu machen.

Wer seinen Garten vermessen hat, ist im eigenen Konzept angekommen. Er sieht manches Problem sehr viel freier, wird entscheidungsfreudig und bereit, sich auf Neues, bisher nicht Gedachtes einzulassen. Zumindest erst einmal als Denkansatz. Wenn der Gartenbesitzer mit seinem Vermessungsergebnis zu mir kommt, trifft er auf Fragen, neue Sichtweisen, wird mit eigenen Unsicherheiten konfrontiert und fühlt sich gefordert. Die eigene Aktivität ist gefragt, aber zugleich bereits angelegt in der selbstständigen Vermessung, und damit hat der Vermesser schon seine ersten Erwartungen im Kopf. Es kommen nicht die passiv ausgerichteten Fragen »Was soll ich tun? Was würden Sie hier machen?«, oder gar die Aufforderung: »Frau Pape, machen Sie mal!« Bei mir soll der Gartenbesitzer zunächst in seinen eigenen Worten das, was ich auf seinen Fotos und Plänen sehe, noch einmal erklären. Amüsant zu erleben, wie Ehepaare dabei uneins sein können, sich fast zu streiten beginnen über den Zustand und das Aussehen ihres Gartens. Dabei muss ich immer wieder an das Ehepaar bei Tucholsky denken, das einem Gast einen Witz erzählt: »Meine Frau kann keine Witze erzählen. Lass mich mal. Du kannst nachher sagen, ob's richtig war. Also nun werde ich Ihnen das mal erzählen.« Während die Frau später sagt: »Du verdirbst aber wirklich jeden Witz, Walter!«

Bezogen auf den Garten hört es sich etwa so an:

»Das Rasenstück liegt sehr niedrig.« »Ach, ich finde eher höher.«

»Das ist viel weiter weg!« »Nein, es liegt ganz nahe, nur ein paar Schritte entfernt.«

Ich frage dann: »Sie haben doch ein Aufmaß?« »Ja, da sieht man das aber nicht so genau …«

Und das ist nicht einmal so falsch. Natürlich sollte ein korrektes Aufmaß klare Antworten auf die Fragen nach Höhen, Tiefen und Entfernungen geben. Aber Vermessung im hier beschriebenen Sinne ist tatsächlich mehr als die Arbeit mit dem Maßband. Mit dieser Vermessung findet ein Mensch ein ganz anderes Verhältnis zu seinem Garten, bekommt ein Gefühl für seine Größe und die Proportionen und überhaupt erst eine Beziehung zu ihm. Kaum jemand kann spontan sein Haus in Relation zu seinem Garten wirklichkeitsgetreu positionieren. Es steht immer ganz anders, als man es fühlt.

Viele ignorieren oder vernachlässigen sogar Bereiche in unmittelbarer Nähe des Hauses, oft in der Annahme, daraus könne ohnehin nichts werden, bestenfalls kommen die Mülltonnen dahin oder werden dort durchgerollt – Areale mit Potential werden zu Durchgangskorridoren degradiert. Das aktive Vermessen führt zu einem Gefühl dafür, wie groß und wertvoll das alles ist, was einem hier zur Verfügung steht, was man besitzt – und welchen Verlust man hinnimmt, wenn man sich nicht darum kümmert. Wer vermessend durch seinen Garten geht, bekommt also nicht nur ein anderes, ein an der Realität angelehntes Raumgefühl, er findet auch ein anderes Wertgefühl. Wer sich hingegen an die Unvollkommenheit seines Gartens gewöhnt hat, sein Brachliegen tagtäglich in Kauf nimmt und achtlos daran vorbeigeht, nimmt den spezifischen Wert seiner Umgebung nicht mehr wahr.

Das Ganze und die Details

Ein Teil der Vermessung kommt einer Bildbeschreibung gleich. Die Hilfsmittel reichen vom Zollstock bis zum Fotoapparat. Gartenfotos, die den Charakter und die Eigenarten des Gartens festhalten wollen, sollten mit der aufrecht gehaltenen Kamera und stehend gemacht werden, damit die Aufnahmen auch Aussagen über die Höhe der Bäume, der eigenen sowie der des Nachbarn, Panoramen, Hintergründe, Perspektiven zulassen. Nicht jeder hat ein Weitwinkelobjektiv, doch auch amateurhaft vom selben Punkt aus in Sequenzen fotografierte Bilder, die später aneinandergereiht werden, ergeben einen umfassenden Eindruck.

Viele Menschen fotografieren ihren Rasen, indem sie die Kamera nach unten halten, doch dieser Blick ist nicht der, der interessiert. Eine Kamera ist in der Lage, eine Verzerrung zu zeigen, die wir mit dem bloßen Auge gar nicht erkennen. Wir nehmen nur einen Ausschnitt von ungefähr sechzig Grad wahr – auf einem selbst zusammengefügten Panoramabild lassen sich hundertachtzig Grad darstellen. So bemerken wir dann auch Einkapselungen, Freiräume und weitere Geländecharakteristika.

Auf seinen eigenen Aufnahmen erkennt der Gartenbesitzer, was er lange vernachlässigt hat: die Beschäftigung und Auseinandersetzung mit dem Ganzen, den Bezug seines Gartens zu seinem Nachbar, ganz zu schweigen vom Begreifen dieser Gesamtsituation. So schafft sich allmählich die Erkenntnis Raum, wo der Eigner »sitzt«, wo er in seinem Entwicklungsprozess verharrt, wo er sich bisher eingekapselt hat. Riesige Bäume können beispielsweise etwas sein, dessen er sich nie so recht bewusst war, »irgendwie« waren sie immer da. Aber sie sind ja auch gewachsen in all den Jahren, die Bäume des Nachbarn, die den eigenen Garten verschatten, oder die eigenen Bäume, die für den Nachbarn störend sind.

Höhenunterschiede im Garten, ich meine damit nicht Gärten an Hängen, werden oft als minimal wahrgenommen. Jeder empfindet diese Differenzen, den leicht abschüssigen Rasen, den etwas erhöht stehenden Baum durchaus, ihnen wird jedoch keine besondere Bedeutung beigemessen. Viele glauben, sie lebten auf ebenem Terrain, und wenn ich dann sage, dass ein Höhenunterschied von bis zu einem Meter bestehe, dann ernte ich erstaunte Ablehnung – bis nachgemessen wird und nur noch akzeptierendes Erstaunen zurückbleibt.

Wenn es kompliziert wird, und das wird es bei unebenem, abschüssigem oder ansteigendem Gartengelände nicht selten, muss auch ein professioneller Vermesser mit Nivelliergerät herangezogen werden. Denn für eine neue Gartenplanung haben die Maße zu stimmen – und wenn Gebäude, feststehende Einheiten wie eine zu restaurierende Remise, vielleicht mit Weinkeller, oder eine Laube einzubeziehen sind oder gar erst in dem Garten gebaut werden sollen, dann muss sogar auf den Zentimeter genau gemessen werden.

Kommen wir am Ende der Vermessung unseres Mikrokosmos noch einmal auf Alexander von Humboldt zurück. Seinen *Ansichten der Natur* stellte er voraus, worum es ihm ging: »Überblick der Natur im Großen, Beweis von dem Zusammenwirken der Kräfte, Erneuerung des Genusses, welchen die unmittelbare Ansicht … dem fühlenden Menschen gewährt, sind die Zwecke, nach denen ich strebe.«[7] Lässt es sich treffender sagen, wonach wir mit unserem Maßband, unseren Fotos und unseren Aufzeichnungen streben, wenn wir den Garten vermessen? Alles erfassen und begreifen, aber auch den Genuss, den wir als fühlende Menschen aus unserem Garten ziehen, zu erneuern, ja mitunter erst zu finden.

»Überall habe ich auf den ewigen Einfluss hingewiesen, welchen die physische Natur auf die moralische Stimmung der Menschheit und auf ihre Schicksale ausübt«, schrieb er an anderer Stelle und ergänzte: »Wenn der Mensch mit regsamem Sinne die Natur durchforscht oder in seiner Fantasie die weiten Räume der organischen Schöpfung misst, so wirkt unter den vielfachen Eindrücken, die er empfängt, keiner so tief und mächtig als der, welchen die allverbreitete Fülle des Lebens erzeugt.«[8]

Diese klugen Sätze von Humboldt können wir uns für unsere Gärten zu eigen machen und brauchen doch nicht gleich so weit zu gehen, wie er es tat, der am eigenen Körper auch noch die Gifte ausprobierte, denen er auf seinen Forschungsreisen begegnete. Ungenießbare Beeren von den Büschen pflücken und kosten, um uns ein komplettes Bild vom Garten zu machen, das können wir uns getrost sparen und den Vögeln überlassen.

Die Dimension der Zeit

Eine Gartenweisheit besagt: Man betritt niemals den gleichen Garten zweimal. Was soviel bedeutet wie: Ein Garten hat sich immer gegenüber dem vorherigen Mal, als wir ihn betraten, verändert – um eine Nuance, um sich entfaltende Blüten, um Farben und Licht oder ein kräftiges Wachstum.

Alles wächst, und Wachstum verändert das Aussehen. Das wissen wir schon von den Kindern. Aber da gibt es noch andere Phänomene, die beim Garten immer wieder verwandelte Eindrücke bewirken. Ein Garten zeigt stets ein neues Bild, von Jahr zu Jahr, von Jahreszeit zu Jahreszeit, von Monat zu Monat, von Tag zu Tag, von Stunde zu Stunde, von Minute zu Minute. Was uns für die langen Zeiteinheiten wie eine Banalität vorkommen mag, gerade was das Wachstum betrifft, ist bezogen auf die kurzen Momente eher auf den zweiten Blick erkennbar: Der Schmetterling sitzt nicht mehr an der gleichen Stelle, vielleicht ist er aus dem Gartenbild vollends verschwunden, ein Blumenstängel ist geknickt, eine Blüte verliert im Verblühen ein Blatt nach dem anderen, weil ein Windstoß zu stark war oder die Katze vorbeigekommen ist, die Sonne verschwindet hinter Wolken oder wirft nach einer kurzen Weile schon wieder andere, längere oder kürzere Schatten oder blendende Strahlen durch das Blattwerk der Bäume, ein Vogel zwitschert aus einer anderen Ecke als eben noch, ein sachter Wind kommt auf und bringt eine leichte Bewegung in die zuvor fast steifen Gräser, Regentropfen legen einen Glanz auf die Blätter oder machen sie ganz schwer.

Es sind Bewegung und Beleuchtung, Blüte und Wachstum, Farbtöne und Wettereinflüsse, die sich im Garten ständig verändern, ganz kurzfristig oder auch über Tage. Wir müssen nur einen Sinn dafür entwickeln und genau hinschauen, dann offenbaren sich die schönsten Erlebnisse und Wandlungen, die Lebendigkeit unseres Gartens. Und alles geschieht auf einer Zeitskala. Was gerade noch war, ist kurz darauf schon nicht mehr oder ganz anders.

Zeit im Garten ist nicht überbrückbar. Die Zeit im Garten ist nicht anzuhalten, zu beschleunigen schon eher. Manchmal. So kann ich einen üppig blühenden, zuvor monatelang in irgendeinem fremden, kommerziellen Treibhaus gepflegten Topf Cosmea im Gartencenter kaufen und in die Mitte des Rasens oder der Terrasse stellen und mich an seiner Pracht von einem Tag auf den anderen, von einer Stunde auf die andere ergötzen. Das ist nobles Gärtnerleben. Doch was sich aus dem kleinen Pflänzchen entwickelt, aus einer Zwiebel oder aus dem winzigen Samenkörnchen entsteht, das sind die wirklichen Wunder der Natur, des Lebens, des Gärtnerns – und der Zeit im Garten. Jeden Tag ein bisschen mehr, bei manch einer aufbrechenden Blüte können wir die stündliche Veränderung beobachten, aus einer Zwiebel im Boden das hervordrängende Leben ganz elementar verfolgen. Das sind die Mutmacher für das alltägliche Dasein.

Manchmal dauert es noch ein paar Jahre, zwei, drei oder gar vier, bis der Garten das ist, was wir haben wollen, bis er sich so zeigt, wie wir uns unseren Traum vom eigenen Fleckchen Erde vorgestellt haben. Da gilt es dann, die anfängliche Ungeduld oder gar die zunehmende Unzufriedenheit zu überbrücken. Alles geht zunächst viel zu langsam. Denn unmittelbar nach Fertigstellung sieht der Garten nie besonders gut aus (außer bei der englischen Gartenshow). Oft sehen wir noch den nackten Boden, der auf den schützenden Charme der Bodenbedeckung wartet, darin drei verlorene Töpfchen, die aussehen wie bestellt und nicht abgeholt, eine frische, unbewachsene Mauer, die auch nicht gerade sexy wirkt, Buxus, der gerade in die Erde gekommen ist und noch ziemlich fremd wirkt, eine Hecke, wie abgestellt, aber noch nicht angekommen und erst recht nicht angewachsen.

Wir Gärtner und Gartendesigner sind das einzige Gewerk, das am Tag der Fertigstellung sein Werk in einem Zustand abliefert, in dem es, man möchte fast sagen, am scheußlichsten aussieht. Ab dann arbeitet die Zeit. Wie oft sehe ich die Enttäuschung in den Augen der Kunden, wie sie dasitzen, schöne Büsche, prachtvolle Staudenbeete und ein Blütenmeer erwartet haben, und dann auf ihren Garten blicken, der gerade erst einmal – vor allem bei Herbstpflanzungen – in den Winterschlaf geht. Ganz anders nach getaner Arbeit des Architekten oder Innenarchitekten: Wenn diese ihren fertiggestellten Bau verlassen, ihre Innenausstattung zu Ende geführt haben, dann ist das Haus in einem Zustand, in dem man sofort ein paar Fotos machen sollte, weil es danach oft nur noch abwärts geht. Der Innenarchitekt hat noch schnell ein paar Kissen aufs Sofa geworfen, und der Kunde findet's toll und ist begeistert. Danach kommt die Unordnung, folgen die ersten Flecken, die falsch drapierten Kissen, Katzenhaare und so weiter.

Die Enttäuschung über den Garten im Moment, in dem der Gärtner seine Arbeit getan hat, kann tatsächlich kolossal sein, wenn man nicht wie ich das neu angelegte Beet bereits vor dem inneren Auge in voller Blüte sieht. Und das sehe ich: die Farben und den Zustand des Gartens in jeder einzelnen Jahreszeit, auch wie er in zehn, zwanzig oder dreißig Jahren aussehen mag. Das habe ich gelernt, und diese Fähigkeit ermöglicht es mir, auch die kleine neu gepflanzte Eiche da hinten so zu sehen, wie sie in ein paar Jahren aussieht. Daran kann ich mich schon heute erfreuen und darüber lächeln und diese Freude meinem Kunden voller Optimismus vermitteln. Den Beleg wird er erst später, dann aber mit aller Kraft und in aller Prächtigkeit vorfinden. Es braucht eben Zeit, und wenn es zwischendrin lieblosere Jahreszeiten gibt, Schlechtwetterperioden, dann ist da trotz aller Liebe wenig zu machen. Letztlich bin ich als Gartengestalterin nur Vermittlerin, nicht mehr, aber auch nicht weniger als der Kommunikator zwischen dem *genius loci*, dem Stückchen Garten mit all seinem Makel und seinen Glanzpunkten, und den Träumen und Wünschen des Auftraggebers. Aber ich bin kein Magier und kann keine Sommerblume aus dem Schnee herauswachsen lassen.

Die vier (oder sieben) Jahreszeiten

Die aufregendste Zeitdimension des Gartens drückt sich in den Jahreszeiten aus. Sie bedeuten uns ein zyklisches Zeitverständnis, ein Naturzeitverständnis, das wir in uns aufgenommen haben, das von Kindheit an naturgegeben zu uns gehört, in dem und mit dem wir fühlen, denken, das uns prägt, das zum Leben gehört wie der Wechsel von Tag und Nacht, von Ebbe und Flut. Und doch ist dieses Zeitempfinden nicht jedem Menschen auf unserem Erdball gleichermaßen gegeben, denn die Jahreszeiten zeigen sich nicht an jedem Ort auf die gleiche Weise.

Wie Tag und Nacht, so haben die Jahreszeiten auch etwas mit Helligkeit und Dunkelheit zu tun, sind verknüpft mit Bedeutungen, Empfindungen und Gefühlen wie Fruchtbarkeit, Ernte, Freude, Melancholie und Trauer, sie korrespondieren mit Licht, Wärme und Kälte, mit Farben und Farbkombinationen, mit unterschiedlichsten Pflanzen sowieso.

Unsere herkömmliche Differenzierung in vier Jahreszeiten ist keine Selbstverständlichkeit, gottgegeben ist sie schon gar nicht. Mehr als eine konventionelle Festlegung ist das nicht, auf die sich die Menschen aus Tradition und Gewohnheit geeinigt haben. Karl Foerster, der Liebhaber des Gartens, der Beobachter der sich über das Jahr hin verändernden Pflanzenwelt, bevorzugte es, von sieben Jahreszeiten auszugehen: Für ihn folgt dem Winter, der von Anfang Dezember bis Ende Februar reicht oder von Advent bis Fastnacht, der Vorfrühling – von Ende Februar bis Ende April, von Fastnacht bis späte Ostern oder Walpurgis. Dann kommt bis Anfang Juni oder späte Himmelfahrt der eigentliche Frühling, diesem schließt sich der Frühsommer an bis Ende Juni oder Siebenschläfer, gefolgt vom Hochsommer bis Ende August oder Erntekirmes. Sodann ist bis Anfang November oder Allerseelen Herbst, dem sich vor dem Winter noch der Spätherbst anschließt, er dauert bis Anfang Dezember oder ersten Advent.

Vielleicht können wir in Zeiten des Klimawandels noch mehr oder andere Jahreszeiten entdecken und erleben, wer weiß das schon? Dieser Zyklus regelmäßig wiederkehrender sieben Jahreszeiten macht aber zugleich Foersters (und auch unsere!) auf den heimischen Kulturkreis bezogene Sichtweisen und Empfindungen der Jahreszeiten deutlich. Andere Kulturen, die weder Himmelfahrt noch Walpurgis kennen, mögen auch andere Einteilungen haben, vielleicht mehr, vielleicht weniger Jahreszeiten. Schon wenige hundert Kilometer östlich oder westlich, südlich oder nördlich könnten zumindest die Daten der Trennlinien anders verlaufen. In jedem Fall werden die Menschen anders fühlen, und dies umso mehr in einer asiatischen Wüstenregion oder im südamerikanischen Regenwald. Wie würden dort erst Vivaldis »Vier Jahreszeiten« gehört werden, mit Jagdmotiv und Hörnerklang, ländlichem Tanz und Schäferdichtung, Kuckuck im Wald oder Eisläufer auf einem gefrorenen See? Wir hören das, wir empfinden diese Bedeutungen mit, weil unsere Erfahrungen und unsere inneren Bilder dabei mitschwingen. Also haben Jahreszeiten durchaus auch eine kulturelle Dimension.

Das Leben mit dem Garten, zu sehen, wie ein Samenkorn aufgeht und eine Pflanze wächst, eine Blume, gar ein Baum entsteht und wie schnell das alles geht – dies fasziniert mich, weil es mir unvergleichlich anschaulich die Vergänglichkeit deutlich macht. Gar nicht so sehr meine eigene, die ich sehe, wenn ich morgens vor dem Spiegel stehe und alles schon ein bisschen anders aussieht als vor fünf Jahren. Es ist vielmehr der Ablauf der Natur, das Auf und Ab, die wiederkehrenden und verklingenden Prozesse, die uns durch den Wechsel der Jahreszeiten immer wieder vor Augen geführt werden – und wie alles spiegelbildlich im Garten wahrnehmbar ist. Auch, wenn ich über Dinge nachdenke, die ich *nicht* gepflanzt habe. Spargel zum Beispiel, weil ich wusste, dass es vier Jahre dauert, bis man etwas ernten kann. Also dachte ich, das mache ich nicht, das dauert mir zu lange – das ist nun neun Jahr her, und ich habe immer noch keinen eigenen Spargel geerntet, weil ich noch immer keinen im Garten habe. Und das bei mir als Gärtnerin!

Der Zeitrhythmus, den unsere Gärten haben, das Saisonale, wie es das in Europa gibt, ist aus meiner Sicht ein großer Luxus, den andere Weltregionen nicht teilen. In Südamerika etwa, wo ich bereits Gärten angelegt habe, gibt es Gegenden nahe dem Äquator, da sind die Tage immer gleich lang, da blühen die gleichen Pflanzen Monat für Monat, das ganze Jahr über. Wir haben das große Glück, Frühjahr, Sommer, Herbst und Winter zu haben – bleiben wir einfach einmal bei diesen vier Zeiten des Jahres.

Der Frühling

Wer etwas auf sich hält, hat in seinem Garten bereits im Frühjahr ein Meer aus Blüten. Zwiebelblumen läuten nicht nur den Frühling ein, ohne sie wäre der Garten in unseren kalten Gefilden bis Ostern eine echte Tragödie. Nach einem langen Winter sind sie Balsam für die farbvertrocknete Seele. Nun tun leuchtende Töne gut, und Blumenzwiebeln bringen diese in den Garten.

Die Boten des Frühlings werden im Herbst gesetzt. Wer dies verpasst hat, muss sich bis zum nächsten Herbst gedulden, denn gegen die Kraft der heranwachsenden Stauden und gegen ihre innere Uhr können sich die meisten im März oder April gesetzten Zwiebeln nicht mehr durchsetzen.

Der frühe Frühling beginnt, wenn der Schnee schmilzt. Ein ganz besonders schönes Bild bieten in den Alpen die Schneewellen, an deren Rand weiße Krokusse aus dem kaum getauten Boden herausdrängen. Manchmal kann man aus der Ferne gar nicht sehen, ob das noch Schnee ist oder ob es schon Krokusse sind. Diese ersten Boten sind auch für uns Gärtner etwas, das unsere Neugier anstachelt. Da pieksen wir, wenn der Schnee sich zurückzieht, durchaus ungeduldig mit den Fingern in der braunen Erde herum, wollen gucken, ob schon etwas kommt, ob sich da etwas bewegt. Jedes Jahr sind wir doch immer wieder im gleichen Unglauben, dass nach so viel Kälte und Lichtmangel überhaupt noch etwas kommt. Ja, das geht mir auch so.

Zu dieser Zeit ist der Garten ganz schwarz, wie eine europäische Wüste, die Beete oft kahl, die Rosen sehen mitgenommen aus, alles hängt so ein bisschen, die Sträucher wirken unmotiviert, die Knospen schwellen noch nicht, eigentlich passiert kaum etwas – und doch drängt aus der Erde ein Schneeglöckchen heraus, drei hier oder in einem Vorgarten zehn, in einem anderen Garten gleich Hunderte. Wenn drei davon sich zeigen, dann ist das wie im Kindermärchen, erst ist alles ganz kalt, und wenn die Sonne herauskommt, dann strecken sie sich, öffnen ihre Flügelchen und lächeln. Diese Blümchen im Frühjahr verbreiten das Gefühl der Freude, als ob sie sich selbst freuten und mit ihnen jeder, der sie ansieht – das ist eine Tatsache, der kann auch ich mich als Gärtnerin bis heute nicht entziehen.

Zu den ersten Vorfrühlingsboten gehört auch der Winterling aus der Familie der Hahnenfußgewächse, knappe zehn Zentimeter hoch mit seinen kleinen gelben Blüten, die nicht nur die Menschen, sondern auch die ersten Hummeln und Bienen erfreuen. Jetzt geht's los, genau jetzt. Wenn die ersten sich trauen, dann werden die anderen nicht mehr lange auf sich warten lassen. Die Tage werden spürbar länger, es kommt mehr Licht, mehr Sonne, und es werden weitere Blumen folgen. Gemeinsam bringen sie Zuversicht – und eines ist klar: Sie täuschen sich nie. Natürlich kann es sein, dass es noch einmal schneit, aber das stört dann kaum noch, dann schmilzt der letzte neue Schnee schnell wieder um die Pflänzchen herum, es entstehen kleine runde Pools, und da sitzen die Blüten voller Lebenslust, sind morgens noch ein bisschen geschlossen und nachmittags alle aufgeblüht – und lächeln wieder.

Bald kommen all die anderen aus ihren Zwiebeln, die wir im Herbst in den Boden gebracht und über den Winter längst vergessen hatten. Zwiebeln gehören zu unseren Glücksboten. Vielen fällt es schwer zu glauben, dass aus diesen runzeligen, teilweise hässlichen, schrumpeligen Dingern im Frühjahr so etwas Fröhliches und Fröhlichkeit Verbreitendes herausbrechen wird. Das ist oft schwer zu vermitteln, zumal in einer Jahreszeit wie dem Herbst, in dem noch manches blüht und viele Farben im Beet stehen.

Das Frühjahrsglück vom Moment der ersten grünen Spitze, die da aus dem Boden kommt, bis zur vollen Blüte und dem Verblühen in den Garten zu holen, setzt voraus, im Herbst in weiser Voraussicht zu kaufen. Dazu braucht es Mut, dazu sollte man planen, dazu braucht es Geduld. Wir können uns zwar wunderbare Farben aussuchen, die auf den Verpackungen abgebildet sind, aber letztlich enthalten die Tüten ein Geheimnis, das wir dann in der Erde verschwinden lassen. Und dabei wissen, dass wir lange warten müssen, bis unsere Mühen und unser Mut belohnt werden. Während wir noch an die Wartezeit denken, vergessen wir allmählich, wo wir welche Farben und welche Sorten hingesteckt haben, wissen bald nicht mehr, wo wir all die Zwiebeln genau untergebracht haben. In den nächsten Wochen liegen die Blätter der Bäume gemütlich an den Stellen, an denen wir unser zukünftiges Glück vergraben haben, und bald sind die Gedanken an diese Pflanzung vollends verschwunden, während wir über den gefrorenen Boden laufen und uns ins Haus in die gemütliche Wärme zurückziehen.

Wenn sie dann alle vergessen sind, die stummen, unsichtbaren Zeitzeugen, drängen sie auf die ersten positiven Zeichen der Natur hin heraus aus ihrer Überwinterung, wollen aus dem Boden springen, suchen nach Entfaltung. Es ist März, April, da kommen sie in Schüben, die kleinen Krokusse, weiß, dazu das leichte Blau, Lila und Gelb, dann die Hyazinthen und Narzissen, dann die Tulpen, und plötzlich ist der ganze Garten ein blühendes Farbenspektakel, obwohl sonst kaum etwas da ist. Die Bäume haben noch kein Laub, sodass noch viel Licht durch die kahlen Äste dringt. Ein Grund, warum Schattengärten Frühjahrsgärten sind. Wer Schattengartenbereiche hat, der sollte sich bemühen, dort den Winter und den Frühling stattfinden zu lassen.

Das Schneeglöckchen zum Beispiel ist ja tatsächlich eine Waldpflanze. Im frühen Frühjahr ist der Boden wunderbar vorbereitet, da ist es recht kuschelig unter den alten, schützenden Blättern. So zappeln sich die Schneeglöckchen durch die Blätterschicht und kommen heraus, weil in dieser Jahreszeit das Licht an sie herankommt. Da sind sie dann die Stars, bis gegen Ende April, Anfang Mai die ersten Blätter sich aufdrehen. Das merken die da unten am Boden recht schnell, sie wachsen noch ein bisschen höher, gleichzeitig mit dem wilden Knoblauch, der auch noch etwas von dem Licht abbekommen will und große weiße Felder in den Wäldern bildet, begleitet von der Waldhyazinthe, auch Atlantisches Hasenglöckchen genannt oder noch bekannter unter dem Namen Bluebells – in riesigen Beständen färbt sie im Frühling die Böden ganzer britischer Wälder blau.

Bald kommt der Moment, in dem man spürt, wie sich vor das blaue Dach des Himmels das grüne Dach der Bäume schiebt. Ganz allmählich gibt es für die Pflanzen ein völlig anderes Licht und für die Menschen eine veränderte Empfindung, wenn der Wald dunkel wird. Die Zwiebeln und die Blüten, die aus der Wildnis der Wälder in unsere Gärten gezogen sind beziehungsweise von Menschenhand hier kultiviert wurden, können auch dann noch erstrahlen, wenn in den Wäldern die aufbrechenden Blätter der Bäume den Himmel verdunkeln und den Blüten frühzeitig die Leuchtkraft nehmen.

Dann ab Ende April, Anfang Mai konzentriert sich der Frühling auf den sonnigen Garten. »Wie unbegreiflich blumenarm sind die zart ergrünenden Gärten auch noch im April, während eine Welt unermesslicher Blütenschönheiten auf Einlass wartet«[9], beklagte Karl Foerster. Die Hochzeit der geradezu endlos erscheinenden Sorten von Narzissen und Tulpen, auch Hyazinthen, erleben wir in den Gärten, in den Parkanlagen, sogar auf Balkonen bis hin auf die Mittelstreifen verkehrsreicher Straßen. Aber die Möglichkeiten der »unermesslichen« Vielfalt des Frühlings sind damit lange noch nicht in unseren Gärtnerherzen angekommen: Frühlingsclematis und Akelei, Primeln, Zierquitten, Trillium und Seidelbast, Hornveilchen, Frühlingsalpenveilchen, Magnolien – all diesen Frühlingsboten sollten wir nach und nach die Tore unserer Gärten öffnen. Und auch sie sind nur ein Anfang der unerschöpflichen Pflanzen- und Blütenpracht, die uns im Frühlingslicht und bei Frühlingstemperaturen das Leben erleichtern und Freude bringen. Wer dies beherzigt, wird feststellen, dass ihn mit jeder Frühlingswoche neue Freudenboten begrüßen.

Der Sommer

Jeder wird sagen: Der Sommer ist der Höhepunkt des Gartenjahres. Aber stimmt das wirklich so uneingeschränkt? Kein Zweifel: Wir können die prächtigste Fülle an Blumen und Pflanzenvielfalt erwarten. Es ist die Zeit der Rosen, dieser vielleicht ältesten Blumen unseres Kulturkreises, immer edlere Züchtungen und neue Farben verlängern und toppen das Blütenfest in unseren Beeten. Kletterrosen, Strauchrosen, feinste Edelrosen konkurrieren miteinander oder wechseln sich ab. Dann die Rittersporne und Lilien, späte Päonien und riesige Kerzen, so viel an Farben, Formen und Sorten, dass es sich kaum aufzählen lässt. Alles ist möglich.

Der Frühlingsmonat Mai, blicken wir noch einmal zurück, ist wohl der schönste und aufregendste Gartenmonat in Farbe und Wachstum. Mai und Anfang Juni sind die buntesten Wochen, in denen man schon sehr aufpassen muss, dass der Garten nicht zum Chaos wird. Doch bereits im weiteren Verlauf des Frühsommermonats Juni mit seiner großen Pracht zieht ein Problem auf, das uns vor allem die zweite Hälfte des Monats leicht überschätzen lässt. Denn im Juni steht die Sonne sehr hoch, sie verändert durch ihre Intensität und ihr grelles Licht die Farbe des Himmels und der Erde. Sie ist eben länger da, vergessen wir nicht: Der einundzwanzigste

Juni ist der längste Tag des Jahres – und das wirkt sich auf die Farben aus. Schon der Himmel verliert sein tiefes Blau, die Grüntöne der Wiesen, Bäume und Pflanzenbeete werden matter im Vergleich zum jungen, frischen Grün im April und Anfang Mai, als die Knospen aufgingen und man überall die unterschiedlichen Grüntöne bestaunen konnte, die kaum ein Maler auf seiner Palette so zahlreich und leuchtend mischen kann. Sommergrün hingegen ist eher ein einheitliches Grün, im Schatten Dunkelgrün und in der Sonne Mattgrün. Je weiter wir in den Sommer kommen, in den Juli und Anfang August, umso mehr verblassen die Farben wie in einem langsam ausbleichenden Tuch.

So kann der Sommer für manchen Garten zu einer Krisenzeit werden. Nicht nur, weil er seine Farbkraft im starken Licht der Jahreszeit verliert, sondern weil die Wärme den Pflanzen und auch den Menschen zusetzen kann. Im grellen Licht der Mittagshitze, so zwischen zwölf und sechzehn Uhr, wo man in anderen Ländern Siesta macht, droht der Rasen zu vertrocknen, wenn man ihn nicht besonders intensiv wässert, Blätter rollen sich auf, weil sie trocken werden, und die Menschen ziehen sich zurück.

Viele verlassen ja wirklich ihr Domizil, denn es ist Urlaubszeit, und so mancher, der vier oder sechs Wochen seinem Garten den Rücken gekehrt hat, kann hinterher wieder von Neuem anfangen. Gießen und wässern kann vielleicht noch der Nachbar (aber macht er es auch so, wie es die Pflanzen von uns gewohnt sind?), aber oft steht man hinterher vor einem Tohuwabohu: Vieles blüht nicht mehr, ist umgeknickt, weil vielleicht mal ein Sturm oder ein Platzregen über den Garten hinwegzog. Mitunter stellt sich auch ein gewisser Unmut ein, wenn die Sommerfrischler ihre Urlaubsbilder aus der Tasche ziehen und zeigen, wie schön doch diese Gärten in der Toskana waren, oder in England, wo man Gärten angeguckt hat, oder in Frankreich, wo alles so liebevoll und bezaubernd gepflegt war. Dann fragen sich die Rückkehrer ganz ratlos, was die Menschen dort bloß anders machen – und ich kann nur bei mir denken: Wahrscheinlich bleiben sie zu Hause. Mehr gibt es nicht an zu lüftendem Geheimnis. Nun will ich niemanden dazu bewegen, nicht in den Urlaub zu fahren, aber ein Garten bindet, und das wird besonders im Sommer sehr deutlich.

Von Vernachlässigung sind unsere Gärten im Sommer aber nicht nur dadurch bedroht, dass die Besitzer in einen wochenlangen Urlaub verschwinden. Merkwürdigerweise werden Gärten auch verlassen von Leuten, die gar nicht weggehen: Sie entfernen sich von ihrem Garten gleichsam in einem inneren Auszug. Woran das liegen mag? Scheuen sie vielleicht die Hitze, sind sie gerade gartenmüde, nachdem der erste Höhepunkt der Gartenfülle überschritten wurde, leiden sie selbst unter der Mattigkeit ihres Gartens, seinen verblassenden Farben?

Wir wollen versuchen, den Menschen für die Sommermonate Mut zu machen, zum Beispiel mit Pflanzen, die es auch mal trocken mögen und ein mediterranes Flair zu Hause verbreiten. Wir würden gern beweisen, dass der Sommer keine müden Monate kennt, obwohl er von seinem Charakter her etwas schläfrig sein kann. Aber da lässt sich gegensteuern. Nur braucht der Garten dann Hilfe, er schafft es nicht allein.

Sommermüdigkeit im Garten kann durch Vorausplanung im Frühjahr verhindert werden. Wer sich die richtigen Stauden aussucht, also die Juli- und Augustblüher wie Astern, Sonnenhut und Sonnenbraut, und wer die Lücken des Frühjahrs mit einjährigem Ziertabak und Cosmeen oder Dahlien füllt, der kann sich auf einen durchblühenden Sommer freuen ohne jede Müdigkeit im Beet.

Überlässt der Gartenliebhaber im Sommer seinen Garten sich selbst, riskiert er, dass die wuchernde Goldrute, die sich im vergangenen Jahr selbst ausgesät hat, überlebt. Sie überlebt nämlich alles und freut sich wie Bolle, wenn sie Ende August und in den September hinein eine Höhe erreicht, die fast alles überragt. Dann kommen auch diese Unkräuter wie der Giersch, der die Hitze liebt und sich gern unbeobachtet durch die Beete wühlt, wenn keiner kommt und ihn daran hindert. In diesem Moment wird der Garten wieder zu Arbeit, dann ist er weit entfernt davon, ein Objekt unserer Lust und Freude zu sein. Juli und August können zu Furchtmonaten werden, wenn die Menschen ausziehen, obwohl sie noch da sind.

Der Herbst

Der Herbst ist die Zeit der Besinnlichkeit, des Blicks zurück ins reiche Gartenjahr und auf die Früchte und Gaben, die daraus hervorgegangen sind. Der Herbst ist der Höhepunkt des Gartenjahres – die Erntezeit und auch die Dankeszeit, ein Dank an die Natur. So manche Pflanze hat ja von der Blüte bis hin zu ihren reifen Früchten genau dieses Ziel verfolgt. Im Herbst ist es vollbracht. Und doch ist es – man ziehe keinen falschen Schluss – nicht meine Lieblingszeit.

Die Natur denkt an ihren allmählichen Rückzug, sie dankt ab, um in sich über die nächsten Monate die notwendige Kraft für die folgende Vegetationsperiode zu entwickeln. Ich wünsche mir manchmal, wir könnten das auch: ein paar Monate lang Energien speichern, um dann wieder neu auszuschlagen und zu neuer Hochform aufzulaufen.

Es gibt so viele schöne Gedichte und Gedanken zum Herbst, und doch neigen sie zu oft so sehr zum Negativen. Der vierundzwanzigjährige Theodor Storm dichtete: »Das ist der Herbst! Wo alles Leben und alle Schönheit uns verlässt.«[10] Da hat er nicht gut hingesehen, das ist jedenfalls nicht der Herbst im Garten, noch nicht einmal der Spätherbst. Gerade der Herbst ist von ganz außerordentlicher Schönheit. Wer üppige Staudenbeete hat, weiß, dass sie sich nun in vollster Pracht noch einmal aufbäumen, bevor sie ermatten. Keiner hat aus meiner Sicht diese doch recht theatralische Darbietung jemals humorvoller ausdrücken können als Heinz Erhardt, mit dessen Gedicht mir bereits mein Großvater die ungeliebten Herbstspaziergänge schmackhaft machen konnte: »Wenn Blätter von den Bäumen stürzen, / die Tage täglich sich verkürzen, / wenn Amsel, Drossel, Fink und Meisen / die Koffer packen und verreisen, / wenn all die Maden, Motten,

Mücken, / die wir versäumten zu zerdrücken, / von selber
sterben – so glaubt mir: / Es steht der Winter vor der Tür!«[11]
Richtig. Er steht vor der Tür, aber bis es soweit ist, dass er ein-
gelassen wird, passiert so manches. Als Gärtnerin bietet mir
der Herbst jedes Jahr erneut die Herausforderung, im eigenen
Garten nicht sofort alle Stauden und Gräser zurückzuschnei-
den, sondern die Phase des Vergehens der verschiedenen
Pflanzen gelassen zu erdulden, bis die Zeit gekommen ist und
ich die geheimnisvolle Struktur des Gartens entdecke, die nur
dann zum Vorschein kommt, wenn das Blattwerk verwelkt
und abgefallen ist. Erst dann zeigen Stauden und Gräser ihre
Struktur in Gänze, insbesondere am frostigen Morgen.

Vor allem sind Gräser nicht auszulassen, von denen viele sowieso erst im Herbst ihr wirkliches Gräserleben beginnen.
Sie bringen eine voluminöse Fülle in den Garten, und jeder
leichte Wind setzt sie in Bewegung. Wenn dann noch eine
Spinne ihr Netz von einem Halm zum anderen zieht und
das Ganze mit dem ersten Frost oder nur leichtem Raureif
überzogen ist, dann ergeben sich Bilder, die nur die Natur
kreieren kann. Solche Bilder sind es, die uns im Kopf bleiben,
die uns von Sterblichkeit, Sehnsucht und Liebe erzählen und
die uns in die Melancholie der Herbstzeit einweihen und darin verweilen lassen.

Im Verlauf meiner langjährigen und vor allem leidenschaftli-
chen Tätigkeit als Gärtnerin konnte ich immer wieder feststellen, dass der Herbst besonders für gärtnernde Frauen eine melancholische Saison ist, wo Ernte und Ende sehr dicht beieinan-
derliegen. Vielleicht, weil wir Frauen uns eher an unsere eigene

Vergänglichkeit erinnert fühlen, der Mann hingegen als Jäger überhaupt erst richtig in Stimmung kommt, denn Herbstzeit ist Jagdzeit. Er braucht sich nach alter Sitte und biologischen Vorsaussetzungen ohnehin weniger Sorgen um seine Vergänglichkeit zu machen. Die Frauen sammelten das Holz und die Beeren und sorgten für die Haltbarkeit der Vorräte, der Mann zog aus und kam nach Tagen oder Wochen mit dem erlegten Wild zurück. Auch ich freue mich nach einem langen Sommer auf den Herbst, und doch ist es nicht meine Saison.

Was wir auf jeden Fall tun können, und auch daran arbeite ich, für mich und mit meinen Kunden: zu erkennen, dass wir eine große Blumen- und Farbenfülle auch im Herbst zur Verfügung haben, die es für unsere Gärten zu nutzen gilt. Das bringt Hoffnung und positives Denken, vermag den Sommer fortzusetzen und der Vergänglichkeit zu kontern. Das hatte – natürlich – auch Karl Foerster schon entdeckt, als er über den Herbst schrieb: »Die Jahreszeit des Vergehens und Verklingens hat sich in ein unendliches Werden und Neuerklingen verwandelt.«[12]

So kann man sich im Herbst neben Anemonen, Astern, Staudensonnenblumen und Dahlien auch an weniger hellen Stellen an bezaubernden Zyklamen erfreuen, da sie auch schattige Plätze mögen. Sie hören auch auf den Namen Alpenveilchen, den ich allerdings nicht so sehr mag, erinnert er doch an die spießige Verwendung dieser hübschen, duftenden Pflanze zwischen Fensterbrett, Küchentisch und Brokatkissen. Wilde Alpenveilchen sind zierlicher, kleiner und eleganter. Wir haben sie, nachdem unsere Kunden im vergangenen Jahr oft einen Bogen um sie gemacht haben, einfach unter unsere große, über hundertjährige Seidenkiefer (Weymouths-Kiefer) gepflanzt, dort gucken sie nun lila zwischen dem Efeu heraus und verzücken jeden, der an ihnen vorbeikommt. Natürlich will sie jetzt jeder haben. Aber nun bleiben sie dort in der Erde und erfahren eine große Bewunderung.

Dann natürlich die Astern, fast schon symbolhaft für den Herbst: »Ohne Astern, diesem brausenden Anziehungspunkt für Menschen und Insekten, ist der Herbst in einem der wichtigsten Punkte sang- und klanglos. Sie verklären den Mollklang des Herbstes.«[13] Wieder einmal hat uns Karl Foerster eine Weisheit hinterlassen.

Über das Frühjahr nachdenken und planen, auch das gehört zu den letzten Herbsttagen, wie schon beim Frühjahr erwähnt. Es sei denn, wir haben noch ein paar Zwiebeln aus dem Vorjahr im Boden versteckt oder hatten jene gewählt, die sich selbst vermehren, die unterirdisch kleine Ableger, also neue Zwiebeln bilden. Sie bringen dann zwar die zierlicheren Blüten, sind aber die eigentlich Tougheren, die Beständigen, weil ihre Herkunft noch näher mit der Wildnis verbunden ist. Sonst aber gilt: Wer im Herbst vergisst, die Zwiebeln in den Boden zu bringen, hat im Frühjahr ein leeres Beet. Aber das hatten wir ja bereits …

Der Winter

Gibt es einen Garten im Winter? Bei Eis und Schnee und Väterchen Frost? Und ob! Wir können uns, wenn wir wollen und entsprechende Vorbereitungen treffen, auf ein regelrechtes Wintertheater einstellen.

Die erste Regel dazu lautet: So viel wie möglich stehen lassen. Nur das Zusammengebrochene wegschneiden, und das aus dem Beet räumen, was die matschige Spätherbstzeit nicht überstanden hat. Dann kann man als stiller Beobachter dem Wintertheater zuschauen. Zu tun gibt es kaum etwas, außer staunen. Denn der heraneilende Winter hüllt den Garten in einen ganz besonderen, neuen Zauber, den der bizarren Staudenwelt. So sind es vor allem die Pflanzenskelette vieler, wertvoller Stauden, die dieses Spektakel entfachen. Da ist zum Beispiel die Fette Henne, die sich ihrer Blätter entledigt hat, oder Fenchel, dessen großflächige Dolden mit Schneehütchen aussehen, als seien sie der Märchenwelt entstiegen. Oder es kommen die Vögel und picken sich die Saat aus den Dolden. Auch die kleinen watteballartigen, verblühten Samenstände der Astern bekommen an frostigen Tagen ein ganz eigenes, neues Leben.

Sehr viele Blumen können den ganzen Winter über stehen bleiben, es sei denn, es kommt viel und ganz schwerer Schnee. Wenn der Frost, starker Frost vor allem, erst einmal Einzug gehalten hat und ins Beet hineingegangen ist, wenn er es fest im Griff hat und somit die Herrschaft über die dunkelbraunen, gehölzigen Pflanzen übernommen hat, dann zeigt sich ein Bild, das kaum ein Maler schöner auf die Leinwand bannen könnte.

Und man denke an die Bäume, vor allem an Nadelbäume oder stark verzweigte kahle Gehölze, die von Schnee umhüllt einen besonderen Zauber, eine Zartheit, eine Ruhe ausstrahlen. Alles wird leicht und – wenn die Sonne herauskommt – glitzernd und fröhlich. Wenn der Mond in einer wolkenlosen, kalten Nacht auf die Schneeskulpturen scheint, dann ist es, als habe sich unser Garten in einen Zauberwald verwandelt.

Es ist eine Belohnung des Gärtners, dass die Natur dem Garten diese weitere Saison schenkt. In dieser dunklen Zeit nisten zahlreiche Nutzinsekten in den kleinen Stämmen, Stängeln und Saatköpfchen und bereiten sich fürs nächste Jahr vor, um dann gleich die Insekten, die wir nicht mögen, und die Schädlinge anzugehen.

Diese bezaubernde Wintergartenwelt, die auch in der kalten Jahreszeit etwas zurückschenkt, erlebt nur jener Gartenbesitzer, der seine Schere Ende Oktober bis Mitte November in Zaum hält. Oder wie Karl Foerster umgekehrt mahnte: Wer seine Stauden schon im November zurückschneide, nehme Schnee und Reif viele Gestaltungsmöglichkeiten. Zumal Raureif – er nannte ihn die »Mozart-Musik des Winters, gespielt bei atemloser Stille der Natur« – dem Winter alle Erdenschwere nimmt. Ohne den Winter wäre des Frühling nicht halb so schön.

»Es wird durchgeblüht«

Aber diese Zaubereien von Reif und Schnee, von Frost und Eis sind nur die eine Seite des Winters im Garten. Die andere ist eine Blütenvielfalt, die es in unserer Gartenkultur erst zu entdecken gilt.

Auch dazu äußerte er sich, unser Mentor Karl Foerster, mit seiner nachdrücklichen Aufforderung an den Garten, zugleich einem kategorischen Imperativ an den Gärtner (oder vielleicht sollte ich eher sagen, mit einem »botanischen Imperativ«): »Es wird durchgeblüht.« Dies sagte er mit einem gewissen, einem sympathischen Nachdruck, als wenn er es zum Gesetz erheben wollte für die gesamte Zeit zwischen November und März. Das mag den unbefangenen Gartenliebhaber hierzulande erst einmal verwundern, der glaubt, der Garten sei im Winter tot. Aber ein Garten ist nicht tot – nur dann, wenn man es will, nur dann, wenn man ihn für drei, vier Monate sterben lässt.

Ihn am Leben zu erhalten, ist gar nicht so schwer. Es liegt in der Natur als Angebot, wir können dieses Angebot wahrnehmen, annehmen und nutzen. Wenn wir nur wollen. Das heißt, wir können immer Farbe haben, wir können uns auch in dieser vierten Jahreszeit an der Natur erfreuen. In dieser Saison wird das wieder anders sein als in den vergangenen drei, und doch hat die Natur hier erneute Freudenspiele »auf Lager«. Pflanzen sind dafür reichlich vorhanden, nur wenige davon stammen aus unseren eigenen Regionen. Sie sind nicht erst seit ein paar Jahren, sie sind schon vor Jahrzehnten hierzulande angekommen – aus fernen Gegenden, aus Asien vor allem, insbesondere aus China und Japan. Aber sie haben nur sehr zögerlich, wenn überhaupt, ihren Weg in unsere Gärten und Parks gefunden. Hier ist noch viel zu entdecken, und das haben wir uns in unserer Gartenakademie zur Aufgabe gemacht.

Also noch einmal: Es wird durchgeblüht! Das wollen wir mit voller Überzeugung propagieren. Wir wissen, dass man die Saison des späten Herbstes blühend ausdehnen kann, so lange wie möglich, ja so lange, dass wir damit über den Winter kommen. Das ist nicht unbedingt eine neue Erkenntnis, zu der wir gekommen sind, wir wollen damit auch nicht die Uhr zurückdrehen oder die Sonne verstärken oder die Erdkrümmung neu berechnen, sondern wir wollen den Menschen die Sinne schärfen für die Möglichkeiten der Natur. Wir bringen dazu das Wissen mit, wie die Natur arbeitet, und wir wollen jedem Gartenliebhaber bewusst machen, was die Natur unseren Gärten zu schenken in der Lage ist, was wir nutzen und anwenden können, und was wir bisher kaum oder nie beachtet oder von den Eigenarten der Pflanzen nie angenommen hatten. Unsere Aufforderung durchzublühen richtet sich zwar an die Natur und ihre Pflanzen, denn nur sie können blühen, aber natürlich wissen wir, dass wir selbst gemeint sind, dass wir genau hinschauen sollten, dass wir unsere Handlungs- und Sichtweisen nach dem großen Angebot ausrichten sollten – und dass wir, wenn wir es nicht tun, eine große Chance vertun, die uns die Natur bietet.

Unser Ziel ist es, unsere deutschen Lande und unsere gärtnernden Menschen dafür zu sensibilisieren, dass kein Tag im Wintergarten ohne Blüte vergeht, selbst während intensiver Frostperioden. Manche Pflanze wird noch aus dem späten Herbst ihre Blüte in die ersten Wintertage hineintragen, manches beginnt zu blühen, wenn im November, Dezember der erste Frost kommt, und je nach Wetterbedingungen werden viele ihre Blüten bis zum März hin zeigen.

Zwiebeln sind ganz besonders wichtig zum Durchblühen, gerade für die extremen Endzeiten der Saison: Herbstzeitlose, Herbstkrokus, Schneeglöckchen. Ein englischer Galanthophil (Galanthus: Schneeglöckchen) hat über zweihundert Sorten von Schneeglöckchen gesammelt – gewiss schon sehr extrem. Darunter sind auch eine Reihe von Herbstblühern, auch wenn sie Schneeglöckchen heißen, ihre Saison dauert also von Herbst bis Februar, März. Dazu gehören auch Knollen von Alpenveilchen, kleine Anemonen, Frühkrokusse und vieles mehr. Dies alles bietet sich in Begleitung der winterblühenden Sträucher an, die sich besonders durch ihren wunderbaren starken Duft auszeichnen. Denn sie brauchen die wenigen mutigen Hummeln, die an einem der selteneren schönen Tage im Winter da sind, Nektar suchen und von weit her angezogen werden wollen.

Ein paar Namen: Winterjasmin wäre zu nennen, die weiß blühende Schneeforsythie, japanische Gräsersorten mit bronzegelben Halmen, wintergrüne Farne in zahlreichen Sorten, Hartriegelstrauch, Helleborusarten, Schmuckmahonien, die nach Maiglöckchen duften, Fleisch- oder Schleimbeere, die rote Schneeheide, wohlriechende Heckenkirsche, der winterblühende Schneeball, später dann auch Frühjahrskirsche, die Kornelkirsche, unterschiedliche Leberblümchen – die Liste ließe sich schier endlos weiterführen. Dabei vor allem Isabelles so sehr geliebte Zaubernuss oder Hamamelis, jenes buschförmige Ziergehölz. Zaubernuss-Arten, die auch als

Heilpflanzen mit ihrer blutstillenden und entzündungshemmenden Wirkung einen guten Ruf haben, wachsen langsam und sind ein echter Winterblüher zwischen Dezember, manchmal erst ab Januar, und Februar. Die meist gelben Blüten können vom härtesten Frost nicht geschädigt werden.

Für Isabelle ist die Zaubernuss der schönste winterblühende Strauch. Kein Wunder: Ihre Erinnerungen daran gehen bis in die Kindheit zurück. In ihrer belgischen Heimat wurde sie in die Geheimnisse des Gartens durch eine Dendrologin eingeführt, die sich mit Bäumen und Gehölzen beschäftigte und zugleich über die berühmteste Hamamelis-Sammlung verfügte. Für Isabelle ist der Winter bereits vorbei, wenn sie eine blühende Zaubernuss sieht. Das kann also schon im Januar sein! Oder sogar an Weihnachten! Da hat man den kürzesten Tag gerade hinter sich, es sind die allerersten wieder länger werdenden Tage, und auch wenn noch die schlimmsten Wetter kommen: In ihrem Kopf und ihrem Herzen geht die Gartensaison bereits wieder los. Kurz davor kann sie ganz ungeduldig, ja panisch werden: Sie muss irgendwo eine Zaubernuss sehen. Als wir noch in England lebten, hatten wir das Pech, dass die Zaubernuss in unserer Gegend aufgrund des alkalischen Bodens nicht wuchs. So musste Isabelle bis Oxford fahren, nur um eine blühende Zaubernuss im Botanischen Garten zu sehen und, wie süchtig, ihren starken Duft einmal tief einzuatmen, und noch einmal – und dann konnte die Saison beginnen.

Dann stand alles wieder auf Anfang.

Pflanzen datieren
einen Garten

Wenn ich heute nach Pflanzen gefragt werde, die ich aus meiner Kindheit in guter Erinnerung habe, dann stellt sich mir ein besonderer Zeitbezug her: Ich weiß, aus welchem Kontext die Menschen mit ihren Interessen und Wünschen kommen. Warum gerade diese Pflanze? Warum gerade Heide, warum gerade Geranien? Warum nicht mal neue Asternsorten, Tabakpflanzen oder exotische Cosmeen oder auch dauerhafte Gräser? Pflanzen sagen mir, wo so mancher Gartenliebhaber in der Zeit steckengeblieben ist. Das ist nicht selten die eigene Kindheit.

Wenn ich zum Beispiel im frühen Herbst morgens am Großmarkt stehe, frage ich mich manchmal: Wer kauft nur diese ganze Heide? Wenn ich mir die Angebote im Blumenladen an der Ecke oder in einem Baumarkt ansehe, dann weiß ich, wie sehr gerade unsere Gesellschaft topfgebunden geblieben ist, sich nicht weiterentwickelt hat, wie sie sich dagegen sträubt, auch einmal ganz andere Wege zu gehen, sich einmal zu verlaufen, um an einem überraschenden Ort anzukommen, neugierig nach Neuem Ausschau haltend. Gekauft wird immer noch, was sich vor Jahren und seit Jahren bewährt hat. Die Menschen haben sich festgefahren im eigenen Pflanzenbeet oder auf ihrem Fensterbrett.

Dabei kann Neues so viel Freude bringen, Zuversicht und ein positives Lebensgefühl. Frische und Leichtigkeit. Wer sich ausschließlich auf das Alte und Unveränderte, das Immerwährende und Altbewährte beschränkt, der verlangsamt, geistig, körperlich und vor allem seelisch. Was einmal voller Leben war, wird zur uninspirierten, kaum mehr wahrgenommenen Kulisse: Es ist einfach da, ohne richtig bemerkt zu werden, wie ein Möbel, das allmählich verschleißt, wie ein Vorhang, der immer grauer wird. Die Aufmerksamkeit dafür ist längst verloren gegangen. Wir sind daran gewöhnt. Jeden zweiten Tag gießen, das hat man schon schablonenhaft im Rhythmus, und man vergisst, genau hinzusehen, was die Pflanze eigentlich macht. Auch sie scheint die Entwicklung eingestellt zu haben.

Aus solchen verfestigten Mustern, diesen altbekannten, abwechslungslosen Pflanzen, ob grün oder blühend, sollten wir herausgekommen und für neuen Schwung, für neue Farben, Formen und Düfte sorgen. Die Pflanzenwelt hat dies bereits getan, nur bis jetzt weitgehend ohne uns. Die Entwicklung ihrer Vielfalt über die vergangenen fünfzig Jahre zu beobachten, war und ist atemberaubend.

Kunden fragen oft nur nach dem, was sie kennen. Ich betrachte es als meine Aufgabe, sie aus ihren überkommenen Vorstellungen und dem Wissen und ihrer Pflanzenaffinität der Sechziger-, Siebziger- und Achtzigerjahre herauszuholen, oder sagen wir besser: Ich versuche, sie dort abzuholen, indem ich ihnen Weiterentwicklungen zeige, die unser Land zwar schon seit Jahrzehnten erreicht haben, die sich aber mangels Nachfrage immer nur in den hintersten Ecken der Blumenläden versteckt haben. Ich zeige ihnen auch ganz Neues, das erst in den vergangenen Jahren aus fremden Ländern bei uns Einzug hielt.

Die Menschen, meine Kunden, aber auch meine Angestellten, sollen sich bewusst werden: Es hat etwas stattgefunden in den vergangenen fünfzig Jahren, das viele Leute noch gar nicht bemerkt oder gesehen haben. Dass wir die Welt erobert haben, nicht ich als Gärtner und nicht kriegerisch oder mit Gewalt, sondern »globalisierend«, durch Handelsbeziehungen und Völkerverständigung, durch Tourismus, weltweiten kulturellen Austausch und schnelle Verkehrsverbindungen. Damit hat sich das zu einer bestimmten Zeit bestehende Pflanzenwissen erweitert, die Menschen können etwas über die Nutzung und vor allem auch die Freude an den Pflanzen dazulernen, wenn sie sich das Neue, Fremde, Überraschende aneignen.

Früher waren es die Reisenden und Entdecker fremder Länder und Kontinente, die neben Gewürzen und Gold, Edelsteinen oder anderen Bodenschätzen auch neue Pflanzen in die alte Welt mitbrachten. Das war schon bei Marco Polo vor gut siebenhundert Jahren so. Er soll unter anderem Reis und andere Pflanzen nach Europa gebracht haben. Mais, den die Maya bereits fünftausend Jahre vor unserer Zeitrechnung in Mittelamerika angebaut hatten, und Kartoffeln gelangten mit der Entdeckung der Neuen Welt durch Kolumbus Ende des fünfzehnten Jahrhunderts zu uns.

Ganz gezielt machten sich die ausgesprochenen Pflanzenjäger ans Werk, zu deren ersten Vertretern die Besatzung der legendären »Bounty« unter William Bligh gehörte, die durch ihre Meuterei bekannter wurde als durch ihre Fracht. Die Mannschaft hatte den Auftrag, Setzlinge des Brotfruchtbaums aus Tahiti in die Karibik zu bringen, um die Hungersnöte im Umkreis der britischen Zuckerrohrplantagen einzudämmen, nachdem die Getreidelieferungen aus den nordamerikanischen Kolonien Englands durch den amerikanischen Bürgerkrieg ausgefallen waren. Von der vitaminreichen Brotfrucht, ähnlich der Süßkartoffel, wusste man in England durch James Cooks erste Weltumsegelung. Die Beschaffung der Pflanzen durch die »Bounty« war vom König gesponsert, erstmals ging es weder um eine Militäraktion noch um Forschung.

Aber das Unternehmen scheiterte auf grausame Weise, weil die Fracht so viel Frischwasser benötigte, dass die Besatzung fast krepiert wäre – und da stand sich die Mannschaft dann doch selbst näher als den Pflanzen. Die Geschichte, mehrfach durch Hollywood nacherzählt, endete also damit, dass über tausend Jungpflanzen über Bord geschmissen wurden, der Kapitän mit einigen Leuten ausgesetzt wurde und dennoch überlebte, die Meuterer teilweise am Galgen endeten, nachdem sie zuvor noch zahlreiche Nachkommen in der Südsee gezeugt hatten.

Dann gab es um 1830 einen englischen Arzt, Nathaniel Bagshaw Ward, der kleine tragbare Gewächshäuser entwickelte, später »Wardian cases« genannt, mit denen er zeigte, dass er das Wachstum der Pflanzen beeinflussen konnte. Diese Behälter kamen dann bald für den Transport australischer und neuseeländischer Pflanzen nach England zum Einsatz, und während bei früheren Versuchen nur wenige Prozent der verschifften Pflanzen überlebten, überstanden nun fast alle die Reise. Der Pflanzenreichtum in England explodierte geradezu, und auch ökonomisch wurde in der Folgezeit von ungeheuren Erfolgen berichtet. So lieferte beispielsweise ein britischer Plantagenzüchter zwanzigtausend Teepflanzen in Wardian cases von Shanghai nach Indien und gründete die Assam-Plantagen. Nach Ceylon wurden in den kleinen Gewächshäusern brasilianische Kautschukbäume geliefert, die dort bis dahin nicht bekannt waren und große Erträge lieferten. Der britische Adel erfreute sich plötzlich an einer Fülle von Orchideen und exotischen Farnen in häuslicher Umgebung.

Mit meinen Anregungen, neuartiges Leben in den Garten zu bringen, sage ich nicht, dass eine Pflanzensorte nicht mehr gut ist, wenn sie alt ist. Die weiße Herbstanemone »Honorine Jobert« stammt aus dem Jahr 1858 und ist nach wie vor die schönste aller Herbstanemonen. Andererseits versuchen Züchter ihr Sortiment ständig zu verbessern. Selbst Karl Foerster hat regelmäßig seine früheren Züchtungen aus seinem Sortiment entfernt, wenn eine neue besser war. Bei Gattungen wie Iris (Schwertlilie) und Hemerocallis (Taglilie) hat sich in den vergangenen Jahren viel Neues und Interessantes ergeben. Man ist fast geneigt zu sagen: Zu viel hat sich ergeben, denn man kann sich nur noch schwer entscheiden! Für diese Neuigkeiten und Neuerungen sowie die neu entdeckten Wildsorten, die berufliche Pflanzensammler uns aus aller Welt weiterhin mitbringen, sollte man immer offen sein. Wir sind es. Es ist herrlich, sein Herz von unbekannten Schönheiten erobern zu lassen und mit ein wenig Mut einfach einmal auszuprobieren, ob und wie es im eigenen Garten passt und gedeiht. Manchmal klappt es, manchmal nicht, dann ist wieder Platz geschaffen für etwas Neues.

Bäume ankern

Seit meiner frühesten Kindheit habe ich einen ganz besonderen Bezug zu Bäumen, die mich seitdem durchs Leben begleiten. Im Jahr meiner Geburt pflanzte mein Vater einen ganzen Wald von etwa fünftausend Quadratmetern Größe. Zuvor waren alle großen Fichten gefällt worden, alle Wurzeln mussten ausgegraben werden, bevor mit Fichten und Eichen neu aufgeforstet werden konnte – und jetzt, über vier Jahrzehnte später, sind die Fichten wieder in einem Zustand, in dem sie gefällt werden sollten. Es ist ein eigenartiges Gefühl gegenüber einer Pflanze, deren Wachstum kaum bemerkt wird und die uns dennoch zugleich unsere eigene Vergänglichkeit so sehr spüren lässt.

Nicht anlässlich meiner Geburt, aber zufällig im selben Jahr wurde auf dem Grundstück meiner Eltern eine Felsenbirne (Amelanchier) gepflanzt. Der Baum blühte zu meiner Geburt im Mai. Er blühte immer zu meinem Geburtstag, und so war er mir immer als mein Geburtstagsbaum verbunden. Unter seiner blühenden Krone habe ich an meinem achtzehnten Geburtstag gefrühstückt. Er steht noch immer dort, dieser alt gewordene Großstrauch, mit dem ich das Alter teile. Und doch habe ich eine entscheidende Veränderung an ihm wahrgenommen: Seit ein paar Jahren blüht er immer zwei Wochen früher, weil es so viel wärmer geworden ist – seit ein paar Jahren ist er an meinem Geburtstag verblüht.

Meine ersten bewusst suchenden Schritte hinaus in die Welt, nachdem ich die Schule verlassen hatte, führten mich ebenfalls zu den Bäumen: zu einer Baumschule, und nach zwei Jahren stand ich als gelernte Baumschulerin da.

Bäume faszinieren mich bis heute. Zum Beispiel »meine« Felsenbirne: Nun kennen wir uns schon so lange. Wie sehr hat sie sich in dieser Zeit verwurzelt und verzweigt! Wie sehr habe ich in dieser Zeit Wurzeln geschlagen? Und wie oft wieder neuen Boden gesucht? Das Werden, Bestehen und Vergehen der Menschen unterliegt sehr viel kürzeren Zeiteinheiten als dem der Bäume.

Gerade deshalb sind sie für uns Hoffnungsträger. Niemals erlebt der Pflanzer eines langlebigen Baumes, einer kleinen Eiche zum Beispiel, den Baum in seiner schönsten Vollendung, und dennoch pflanzen wir immer wieder Bäume. Wir tun dies nicht für uns: Sie sind ein menschlicher Ausdruck von Zuversicht und Vertrauen in die Zukunft, in die Kinder, in die Kinder der Kinder. Sie sind Hoffnungsträger der Menschheit.

Bäume werden im Grunde immer für die nächsten Generationen gepflanzt. Selbst große Landschaftsarchitekten wie Peter Joseph Lenné haben ihr Werk nie vollendet gesehen, weil Bäume einfach zu langsam wachsen. So hat Gartenkultur auch aus diesem Blickwinkel immer etwas mit Visionen, mit visionärem Sehen und Denken zu tun. Der Gärtner sieht vor seinem inneren Auge, wie die Bäume, die er pflanzt, in fünfzig Jahren aussehen.

Dieses Visionäre in Verbindung mit einem Baum, dieses Orientieren und Orientiertsein auf die Zukunft, drückt sich auch darin aus, dass seit ältesten Zeiten neben das neue Haus ein Baum gepflanzt wird: Ein Haus will immer geankert sein. Und Bäume ankern. Früher wurde rechts und links des Hauses eine Pappel gepflanzt oder eine Linde, stand am Haus eine Kastanie oder eine Eiche – jahrhundertealte Stiche und Gemälde, alte Fotos zeugen davon. Wobei man heute weiß, dass weder Eiche noch Pappel unbedingt die besten Hausbäume sind.

Man gab dem Baum nicht diesen Platz, weil man das besonders schick fand oder irgendeinen praktischen Zweck verfolgte – dieser Baum etablierte das Haus, im übertragenen Sinne steht der Baum für ein Wurzelschlagen des Hauses, ein Akt, der den Baum ja selbst auszeichnet. Für das Haus bedeutet es: Hier wird eine Familie gegründet, hier pflanzt man einen Baum. Früher gehörte der Hofbaum für viele Menschen zur unauslöschbaren Kindheitserinnerung, die große Kastanie, die Bank darunter, wo Großmutter Geschichten erzählte, wo die Fahrräder angelehnt waren, wo Herzchen eingeritzt waren. Der Pflanzer des Baumes war schon lange tot, aber er hatte für einen Hoffnungsträger in der Zukunft gesorgt.

Diese Tradition möchte ich erhalten, ich möchte sie wiederbeleben und wünsche den Menschen, dass sie diese Botschaft für ihre Kinder und Kindeskinder entdecken. Mögen sie mit dem Pflanzen eines Baumes etwas Bleibendes, etwas Unvergessliches hinterlassen. Und wehe, es käme jemand nach vierzig, achtzig oder hundert Jahren auf die Idee, diesen Baum umhauen zu wollen. Der Frevler würde sich der Vernichtung einer gewachsenen Menschheitserinnerung schuldig machen.

Sollte mich jemand fragen, ob das heute noch kleine Bäumchen, das ich gerade einem Garten zur Zierde einpflanze,
nicht in ein paar Jahrzehnten den Hof verschatten könnte,
und, wenn es dann ein riesiger Baum würde, oben die Schlaf-
zimmer verdunkelte, dann kann ich nur antworten: Bis dahin
ist der große alte Baum, der hier stehen wird, ein Teil des
Lebens aller geworden, die ihre Existenz mit ihm teilen und
dem so viel Respekt und Ehrfurcht entgegengebracht wird,
der würdevoll seinen Platz einnimmt und die Menschen Demut lehrt und spüren lässt.

Ist es nicht ein schöner Gedanke, dass heute auf einem
Grundstück ein Baum gepflanzt wird, unter dem später
Generationen sitzen werden, die diesen Menschen, der den
Baum gepflanzt hat, zwar nicht kennen und nie kennengelernt haben, ihm aber dankbar sind für sein visionäres Handeln? Der damit ein Zeichen gesetzt hat, dass alles weitergeht.
Sie erleben etwas, das der Pflanzer des Baumes nie erlebt hat,
aber dieser hat etwas Bleibendes und Verbindendes hinterlas-
sen, das tiefe Wurzeln gebildet hat und am Ende – so bei alten
Gutshäusern etwa – sehr bindend wirkt, das den Ort, das alte
Gut, das Haus in den Familien ankert, festhält. Es sind gean-
kerte, geerdete Orte, sehr stark, kraftvoll und mächtig, *very
powerful*. Eine alte Eichenallee, die dorthin führt, kann diesen
Eindruck und dieses Vermächtnis noch verstärken.

Es ist das Alter, das mich an einem Baum fasziniert und zugleich sein Gleichmut gegenüber all dem, was ihn umgibt,
die Natur im Kleinen, der Jahreszeitenwechsel, aber auch
gegenüber den Menschen, was sie treiben, wie sie leben und

sogar was sie mit ihm tun. Je älter die Bäume werden, umso robuster werden sie gegenüber allen äußeren Einflüssen des Menschen und der übrigen Natur.

Allein die Vorstellung, was alte Bäume für Geschichten erzählen könnten! In unserer Königlichen Gartenakademie steht eine über hundert Jahre alte immergrüne Weymouths-Kiefer, viele bezeichnen sie sehr romantisch als Mädchenhaarkiefer, was zwar falsch ist, aber sehr schön klingt. Sie stammt aus der Zeit, als die auf Lenné zurückgehende Königliche Gärtnerlehranstalt aus Potsdam hier ihr Domizil bezogen hat – unvorstellbar, was dieser Baum schon alles erlebt, »gesehen« und ertragen hat, von den großen Gärtnern über den Bombenhagel des Krieges bis zu unseren Designerentwürfen und dem Pflanzenangebot aus nahen und fernen Ländern.

So sollte jeder, der ein Grundstück mit historischem oder einfach nur altehrwürdigem Baumbestand erwirbt, damit leben. Denn man kauft sich kein Haus mit zwei, drei riesigen Buchen und haut diese dann um, weil sie einen stören. Große Bäume werfen tatsächlich viel Schatten, aber das weiß man auch vorher und sollte sich darüber im Klaren sein, selbst wenn man im Winter das Grundstück erstmals besichtigt und die Bäume gerade kein Laub tragen. Wer keine großen Bäume mag, sollte sich nach einem anderen Grundstück umsehen und nicht zur Kettensäge greifen.

Dennoch gibt es auch Bäume, um die zu kämpfen sich nicht lohnt. Ich bin keine Puristin und stelle keine Dogmen auf. Auch ich habe schon Bäume fällen lassen, habe kurzlebige, verkrüppelte, schiefe, dunkle oder kranke Fichten oder Kiefern niederschlagen lassen und habe Pioniergehölze entfernt, also Bäume, die sich überall allein aussäen und kaum bis gar keinen Nährboden brauchen wie Birken, Bergahorn oder Erlen, Bäume, die dank ihrer Flachwurzeln überall überleben. Pioniergehölze sind recht kurzlebig und sehr invasiv, sie breiten sich also rasant aus. Wenn man ein paar Jahre wegsieht, wächst nichts anderes mehr als diese Bäume. Ich entfernte sie immer mit der Voraussicht, sie durch schönere, lachende und vor allem langlebige Bäume zu ersetzen.

Berlin etwa hat eine Menge Bäume, von denen aber viele die falschen Sorten am falschen Ort sind. Die Stadt bräuchte noch viel mehr – und zwar langlebige Bäume. Ich plädiere dabei für eine Vielfalt und für überlegtes und gezieltes Pflanzen der »richtigen« Bäume am richtigen Ort. Es ist schade, wenn viel Energie in Bäume im Stadtraum gesteckt wird, die keine dreißig oder vierzig Jahre alt werden. Das ist nicht nur zu kurzlebig, das ist auch zu kurz gedacht.

Sich schnell ausbreitendes Pioniergehölz verhindert und unterdrückt die Vielfalt, sehr zu beklagen im Tiergarten in Berlin oder im Englischen Garten in München. Die großen schönen Bäume, die wirklich alt werden, sind durch den grassierenden Pionierwuchs verdrängt worden, ein einst geplanter Garten droht zu verwahrlosen, auch wenn er auf den ersten Blick schön grün aussieht – aber langfristig wuchert er zu und wird langweilig.

Baumkronen und der Habitus von bestimmten Bäumen haben Aufgaben, sie tragen Sinnbilder, derer wir uns zwar nicht immer bewusst sind, die wir aber spüren und fühlen. Am Ende des Kurfürstendamms in Berlin ist die Weitsichtigkeit eines Pflanzers zu bewundern: Dort habe ich Ginkgo-Bäume entdeckt, die bis heute noch nicht so sehr schön wirken und es in den nächsten zwanzig Jahren auch noch nicht ganz schaffen werden. Aber in fünfzig und hundert Jahren werden die Menschen dort durchfahren (wenn es dann noch Autos gibt) und geradezu entzückt sein von dem, was ihr Auge erblickt, von einer wunderbaren Baumstruktur bis hin zur einmaligen Herbstfärbung dieser dann alten Ginkgo-Bäume. Sie werden uralt, sind industrieklimafest und machen sich nichts aus Evolution, einmal verwurzelt, wachsen sie zwar langsam, sind aber unverwüstlich. Ihre Verwendung im Stadtraum, das ist eine wirkliche Tat mit Vision.

Welch ein Irrtum, wenn wir meinen, es sei eigentlich alles egal, solange es grün ist. Denn intuitiv und in unserem Inneren verbinden wir mit bestimmten Bäumen bestimmte Bilder: mit Linden das leichte warme Licht im Frühjahr, mit Platanen die Transparenz im Winter und ihre modellierte Rinde, mit Kastanienbäumen die im späten Frühjahr blühenden Kerzen und die Kastaniensammelfreude der Kinder im Herbst, mit Eichen das Symbol für Standhaftigkeit und Ewigkeit – oder wie der Volksmund sagt: Ein Eichenleben überdauert dreißig Generationen.

Die eigene Welt
der Stauden

S ie sind die wichtigsten Pflanzen im Garten, wenn es darum geht, dass der Einsatz des Gärtners sehr schnell belohnt wird, dass also etwas zurückkommt, dass der Garten etwas zurückgibt. Und sie sind zugleich die am meisten unterschätzten Pflanzen, weil die gärtnernden Menschen ihre Vorzüge noch zu wenig bemerkt, erkannt und verstanden haben. Mehrjährige Stauden besitzen eine außerordentliche Vielfalt, und der Sammelbegriff steht eigentlich für eine ganz eigene Welt. Die Pflanzen, von denen ich hier spreche, sind mehrjährige Stauden, auch wenn sie nach der Saison meist oberhalb der Erde eingehen oder zumindest ein unansehnliches Gestrüpp bilden. Sie erhalten sich unter der Erde als Zwiebeln, Knollen oder Wurzelstock, sie blühen in großer Fülle, wachsen in unterschiedlichsten Formen und Höhen und tragen oft auch Früchte.

Was eine Staude so dankbar macht: Wenn sie aus dem Topf in die Erde kommt, wächst sie sofort an und gedeiht prächtig, schmückt den Garten gleich im ersten Jahr mit wunderbaren Blüten, und nach drei Jahren ist sie groß, mächtig, raumgreifend ausgebreitet, duftend – ganz im Gegensatz etwa zu einem Baum oder Strauch, die sich erst akklimatisieren und eine Zeit lang wachsen müssen, bis wir uns daran erfreuen können.

Das Geheimnis einer Staude liegt im Unerwarteten. Viele Menschen tun sich nicht leicht damit, im Winter eine Zwiebel, eine Knolle oder einen Wurzelknäuel in die Erde zu stecken, weil ihnen für das großartige Ereignis, das daraus entstehen kann, die Vorstellung fehlt. Sie verbinden mit dieser Handvoll scheinbar totem, zumindest unschönem Pflanzenteil, das sie in die Erde bringen sollen, nicht jenes Glück, das darin steckt. Lieber warten sie, bis die Saison begonnen hat und die Staude im herangewachsenen oder gar blühenden Zustand gekauft werden kann. Aber selbst dann kann man noch in den Genuss dieses besonderen Geheimnisses kommen: Nach der Saison zieht sich die Kraft der Staude ins Erdreich zurück, wartet den Winter ab und kommt im Frühjahr wieder – erst mit kleinen grünen Spitzen, dann kräftiger, schließlich überschwänglich und unerwartet größer und schöner als im Vorjahr.

Unerwartet ist auch die Ausbreitung der Staude. Schon wenige kleine Pflänzchen genügen, um eine ganze Fläche im zweiten oder dritten Jahr vollständig zu überdecken. Werden sie zu eng gepflanzt, droht ein »Filz«; und die einzelnen Exemplare kommen nicht zur Geltung.

Die Reichhaltigkeit der Stauden, die unterschiedlichen Wachstumshöhen, Ausbreitungsformen und vor allem die zeitliche Abfolge ihrer Blüte ermöglichen es, wahre Sinfonien im Garten anzustimmen. Es ist geradezu phänomenal, wie schnell etwas zurückkommt für relativ wenig Geld – im Verhältnis zu Bäumen und Sträuchern.

Karl Foerster hat sich um die Züchtungen der Stauden und um ihre Aufnahme in Gärten und Parks verdient gemacht wie kein anderer. Er hat das Verständnis für Stauden entwickelt und diese Pflanzen popularisiert. Dafür genießt er Weltruf. Er hat die Pflanzen selektiert, hat sich um ihre Gartenwertigkeit bemüht, ihre Standfestigkeit etwa, weil er keine Lust zum Stäben hatte, was immer dann notwendig ist, wenn die Pflanzen sich nicht von allein auf ihren Beinchen halten können. Ich teile mit ihm die Unlust des Stäbens. Dieses Stützen mit irgendwelchen mehr oder weniger raffinierten Konstruktionen aus Draht oder Kunststoff ist etwas derart Künstliches, das mir gegen die Natur gerichtet erscheint und die Pflanze unmündig macht.

Leider haben sich die schönen Staudenflächen in den Gärten und vor allem den öffentlichen Grünanlagen nicht gehalten – aufgrund der Pflegekosten, weil man glaubt, dass Rasen das Herzensglück des Menschen ähnlich stimulieren und Rasenmähen auch von unqualifizierten Kräften geleistet werden kann.

Stauden können durchaus Bodendecker sein. Zwar gibt es auch Gehölze als Bodendecker (Efeu zum Beispiel gehört dazu, es verholzt, behält seine Blätter, ist immergrün und seine lebenden Teile bleiben auf der Oberfläche), aber wenn ich von Bodendeckern spreche, meine ich in erster Linie Stauden, nie Gehölze, denn das sind für mich Bodendecker, man möge es mir verzeihen, für die Autobahnbegrünung. Flach auf dem Boden liegende Stauden als Bodendecker, etwa Elfenblume oder Geranium-Arten, zeichnen sich ebenso durch eine wahrhaft abenteuerliche Vielfalt aus wie die ganze übrige Staudenwelt.

Stauden lassen sich auch leicht weitergeben, sei es in Nachbars Garten oder dem eines lieben Menschen, und sie lassen sich an einen Bewunderer des eigenen Gartens verschenken. Aus dem Boden können problemlos die Teilstücke, Ableger, herausgenommen und an einen anderen Ort gebracht werden. Foersters hübsche Schlussfolgerung: Das »sichert diesen Gartenpflanzen für die Zukunft unendliche Wanderschaft und Verbreitung … und den Reiz wetteifernden Pflanzentauschs«.[14]

Im Wechsel der Jahreszeiten, im Kreislauf von Werden und Vergehen, holt die Staudenwelt die Sprache des Bodens an die Oberfläche des Ortes, an dem sie beheimatet ist. So kann sich der Mensch auf eine besondere Weise mit dem *genius loci* verbinden. Mutig geworden tritt der Betrachter in den Dialog mit der Pflanzenseele. Wurzeln, Stängel- und Blattwerk, egal, ob in üppiger Blüte oder im Vergehen, machen ihm die tiefe Wahrheit eines natürlichen Vorgangs lebendig: Gartenleben ist Verwandlung von einem Zustand in den anderen. Der Tod ist Illusion, weil nicht wirklich. Denn aus der scheinbar toten Staude erwächst neues Leben – und wenn nicht an ihrem Ursprungsort, so doch gewiss woanders.

Gräser bringen
Bewegung ins Beet

Asphaltcowboys denken vielleicht erst einmal an Unkraut, Grillfreunde an ihren mehr oder weniger gepflegten Rasen. Beide liegen sie falsch, auch wenn sie sich gern mal ins Gras legen.

Doch wenn ich ehrlich bin, so hat es auch bei mir eine Weile gedauert, bis ich die Bedeutung der Gräser für den Garten ganz verstand. Denn in England, meiner Wahlheimat für über fünfundzwanzig Jahre, hatten sich Gräser noch nicht durchgesetzt, frühestens Mitte der Neunzigerjahre und eher noch später hat man sie dort richtig entdeckt und schätzen gelernt. Seit ich in Berlin in meiner Gartenakademie umfangreiche Schaubeete angelegt habe, ist mir erst so richtig klar geworden, wie wichtig dieses »Haar der Mutter Erde« für die Staudenrabatte ist – Gräser überbrücken mit ihren Halmen und Blüten den müden Blühmonat August und kommen dann im späten Herbst und beim ersten Frost ganz groß raus. Und im Winter, der mir hier unendlich lang erscheint, brauchen wir sie, um das Beet genügsam über die Zeit bis zum neuen Erwachen zu tragen.

»Grässlich, ein Garten ohne Gräser!«, meinte Karl Foerster. Schon in den Dreißigerjahren des vergangenen Jahrhunderts hat er verschiedene Artikel über die Wichtigkeit der Gräser geschrieben, und in den Fünfzigerjahren das erste Gräserbuch veröffentlicht – es sollte lange, lange Zeit, bis vor etwa fünfzehn Jahren, das einzige akzeptierte Standardwerk bleiben. Selbst renommierteste Gartendesigner der Gegenwart in den USA, die Gräser sehr stark in ihre Gestaltungen einbeziehen, haben sich von Karl Foerster inspirieren lassen. So wird man es mir nachsehen, dass auch ich mich, sobald es um Gräser geht, immer wieder Foerster verbunden fühle.

Wie auch er zu seiner Zeit, als er ein ungeheures Gräserreich von etwa neunzig Arten und Unterarten systematisierte, hoffe ich auf eine noch größere Verbreitung der Gräser. Denn sie schenken uns wunderbare Bilder – in Tau und Morgenlicht getaucht, von Tropfen behangen im Mondenschein oder leicht mit Schnee bestäubt –, wie sie keine andere Pflanze zu erreichen vermag. Gerade für die harten Wintermonate in Mitteleuropa sind die Gräser von ganz besonderer Bedeutung: Je weniger hier blüht, umso mehr verleihen Gräser mit ihrer Präsenz dem Garten ein wunderbares Bild. Die Form und Struktur, die sie bringen, wenn sie von Raureif oder leichtem Schnee bedeckt sind, offenbaren eine geradezu zauberhafte Landschaft und ein ganz eigenes Erscheinungsbild des Gartens.

Es gibt sowohl besonders früh blühende Gräser, immergrüne oder nicht wintergrüne Gräser, aber auch solche, die sich viel Zeit lassen mit der Blüte. Gräser bringen durch ihr Grün nicht nur Farbe, nicht nur Höhe und aufrechte Linien in ein Beet, sie tragen vor allem noch eine vierte Dimension – die Bewegung – hinein: Wellen und Wogen in der Rabatte, besonders im Frühsommer und Sommer. Wenn sie in voller Blüte sind, werden sie besonders beweglich. Erst wenn sie trocknen, stehen sie etwas steifer und aufrechter. Blüte, Farbe und vielleicht auch Duft, das sind oft unsere Erwartungen an Gräser. Aber die Bewegung, erzeugt bereits durch den leisesten Luftzug, und die Struktur der Gräser stehen allem voran. Wunderbar, wie Foerster gar verschiedene Bewegungscharaktere festhält: Das eine Gras zeigt frohlockende, das andere melancholische Bewegungen, »Steppenschwermut wechselt mit tänzerischer Grazie.«[15] Kann man es schöner beschreiben? Und lässt es nicht zugleich jeder Fantasie freien Raum zum Mitempfinden und zum eigenen Erleben? Man setze sich an ein Gräserbeet oder an ein Beet mit Gräsern und beobachte deren Bewegungen!

Und noch etwas lässt sich beobachten anhand der Gräser da draußen: Ohne dass ich morgens die Nase aus der Tür stecken muss, sagt mir das Riesen-Pfeifengras vor meinem Küchenfenster, wie das Wetter des Tages wird. Wenn es still steht im Beet, weiß ich, dass ich nichts zu befürchten habe und die Jacke vielleicht sogar zu Hause bleiben kann. Winden sich hingegen die zarten Blütenrispen leicht von links nach rechts, von rechts nach links, empfiehlt es sich dringend, eine Jacke mitzunehmen. Und wenn alle Rispen wild vom Wind in eine Richtung gedrängt werden, sollte ich zur Sicherheit auch einen Schirm einstecken. Diese Fähigkeit kommt besonders gut im Namen des Pfeifengrases Molinia »Windspiel« zum Ausdruck, nach Foerster die »Gipfelschönheit des goldenen Oktober«.

»Wer nicht Sinn hat für die stille Rolle des Gräserreichs im Garten …, der gehe zum Augenarzt und verkaufe den Garten.«[16] Auch dieser Satz stammt von Gräserliebhaber Karl Foerster.

Rasen ist Arbeit

R asen hat einen schlechten Ruf als Vorgartenpflaster. Er steht zwar sinnbildlich für den englischen Landschaftspark und man sagt, dass Jahrhunderte zuvor bereits die Römer den Rasen für sich entdeckt hatten. Wer den Rasen politisch korrekt interpretieren möchte, der sieht darin sogar ein Symbol für Demokratie und Freiheit: Auf dem Rasen ist jeder gleich, so heißt es, auf dem Rasen kann sich jeder frei bewegen. Ich möchte diese Aussage allerdings bezweifeln, denn unter den absolutistischen Herrschern war für das Volk der Rasen der Schlossparks so wenig erreichbar wie die Monarchen selbst.

Wer glaubt, ein Rasen muss nur ab und zu gewässert und gemäht werden, ansonsten sei er chic und pflegeleicht, der irrt. Ein nicht vermooster Rasen ist eine hohe Kunst, und die Arbeit, die dahintersteckt, ist nicht nur aufwändig, sondern auch langatmig. Fast schon wie Geschirrspülen mit der Hand. Rasen ist das aufwändigste und teuerste Grün des Gartens. Ist er erst einmal völlig verunkrautet, so hilft oft nur eine komplette Neuanlage, obwohl es zuvor leichter gewesen wäre, ihn regelmäßig von Unkräutern zu befreien und gut und richtig zu düngen. Neuanlagen sind aufwändig, teuer und auf lange Sicht nicht weniger pflegeintensiv, denn das Gleiche wird wieder passieren, wenn man sich nicht kümmert.

Zudem wird viel zu viel Erwartung in das frühjährliche Rasenritual des Vertikutierens gesteckt. Es bringt für die ersten zwei, drei Monate viel, dann aber verfällt der Rasen wieder seiner Lust des Vermoosens. Daran ist fast ausschließlich der Sammelkasten des modernen Rasenmähers schuld. Früher war nicht einfach alles besser, aber man hatte keinen Fangkorb am Mäher, und so hieß es einmal wöchentlich, bevorzugt am Freitagnachmittag, nach dem Mähen den Rasen zu harken, um den Schnitt zu entfernen. Durch dieses (für den gärtnernden Menschen) exzellente Brustmuskeltraining wurde nicht nur der Besuch im Fitnesscenter gespart, sondern zugleich auch der Rasen regelmäßig von alten Grasablagerungen befreit und leicht gelüftet. So war der Rasen das ganze Jahr über gut in Schuss, und das Moos hatte keine Chance. Wer also alle vierzehn Tage mal ohne Fangkorb mäht und den Rasen mit einer metallenen, kräftigen Rasenharke harkt, hat am Ende mit etwas Glück den besten Rasen in der Nachbarschaft.

Apropos Rasenmähen. Ich gestehe, ich mag keinen Krach im Garten, also auch keinen Rasenmäher. Deshalb habe ich das letzte Stückchen Rasen in meinem inzwischen verlassenen Garten in England eigenhändig umgegraben. Aber irgendwann wurde mir schlagartig klar, dass diese Entscheidung eigentlich falsch war. Denn in vielen schönen Gartengestaltungen, den eigenen und auch den fremden, ist Rasen ein angenehmer Ruhepunkt, gar eine Ruhefläche, und Ausgleich für das bunte Treiben in den Beeten. Rasen ist wie ein Teppich. Er gibt einer Pflanzung Halt. Vor allem, wenn er schön gepflegt ist. Dann bietet er den blühenden Beeten einen Hintergrund oder Vordergrund als Basisfarbe, ähnlich wie der blaue Himmel von oben es auch zuweilen tut. In dieser Konstellation mag ich Rasen dann doch sehr. Rasen pur, allein, ergänzt um ein paar Hecken und Büsche, lehne ich ab, denn dort kommt nichts zurück, ganz anders als bei einem Staudenbeet.

Also: Sei nicht Sklave deines Rasens, sondern Herr deines Paradieses! Nach diesem Grundsatz sollten wir mit dem Rasen leben. Bleiben wir also *on top of the weeds*, behalten wir die Oberhand, nicht nur, was die Unkräuter im Rasen angeht, sonst wird uns der Rasen nach kurzer Zeit beherrschen und die Oberhand über den Garten gewinnen. Wir sollten lieber Stauden pflanzen, die blühen wenigstens – allerdings gebe ich zu, dass sich ganz schlecht darin Fußballspielen lässt.

Den Garten der Natur entrücken

Die primären Gestaltungselemente eines Gartens sind all die Naturereignisse der verschiedensten Art, von denen bereits die Rede war: die Blumen, die Stauden, die Bäume, die Sträucher, die Gräser. Doch es gibt zahlreiche weitere Elemente, die aus unserer Gartengestaltung entweder nicht wegzudenken sind oder auch einmal als zusätzliche Überraschung auftauchen. Sie sind niemals Selbstzweck, mit ihnen verbinden sich vielmehr Bedeutungen, die uns nicht immer bewusst sind, die wir aber doch intuitiv spüren, je mehr wir einen Garten in uns aufgenommen und ihn zu unserem eigenen Garten gemacht haben.

Da sind zunächst, durchaus der Natur entliehene, aber für unsere Zwecke und Bedürfnisse domestizierte *Hecken*. Sie präsentieren sich uns als grüne Wände, die Räumlichkeit schaffen. Hecken steuern die Blicke, und sie strukturieren den Garten. Sie können Kulissen sein, um einen Vordergrund in ein besonderes Bild zu rücken, oder sie können Grenzen festlegen und den Garten einfrieden. Hecken können Pflanzbereiche separieren, Farbbereiche trennen, auch Gemüse-, Blumen-, Obstanlagen.

Hecken bringen Dreidimensionalität in den Garten mittels einer durchgehenden Linie, die dann Spannung in das Gartenbild bringt, indem sie »geschnitten« wird: Wo die Natur auf die gerade Linie (oder auch eine klar geschnittene Wellenlinie, die ich bei Hecken sehr bevorzuge) stößt, entsteht Spannung. Das kann auch mit einer Rasenkante erreicht werden, auf der untersten Plateauebene, oder aber durch eine Hecke in der

Höhe. So entsteht an der einen Seite eine scharfe Kante, eine richtige Raumkante, mit der ich ein »Gartenzimmer« kreieren und den Raum erlebbar machen kann.

In unseren deutschen Gefilden führt dies im Januar und Februar zu einem besonderen Gartenerleben: Dann bekommt der Garten eine Transparenz, die Blätter der Bäume und Büsche sind weg, in den Beeten fallen die Stauden zusammen und liegen platt am Boden, es stehen nur noch die Busch- und Baumskelette – und da kommt die Struktur der Hecken ins Blickfeld, die zuvor im blühenden schönen Chaos des Sommers und des Herbstes kaum zu sehen war. Im blühenden und grünenden Zustand gab es keine Transparenz, da musste jeder Gartenraum einzeln erlebt, besucht, durchwandert werden, nirgendwo sah man wirklich bewusst die Hecke, es sei denn, man stand direkt neben ihr.

Die Raumwirkung der Hecken verstärkt sich im Winter wesentlich, wenn auf ihnen Schnee liegt und dadurch eine weiße gerade (oder wellenförmige!) Linie durch den Garten verläuft. Es ist zweifellos eine künstliche Linie, die hier in Spannung mit der Natur entsteht, *man-made*, von Menschenhand gemacht. Die Schnittlinie stellt sich der Natur entgegen und erzeugt Spannung. Für mich ist dies eine emotionale Herausforderung, Mensch gegen Natur, die mich die Macht der Natur im Weltgeschehen akzeptieren lässt, denn ich will mich ja nur in der kleinen Welt des Gartens mit der Kraft der Natur messen.

Der Dialog zwischen Gärtner und Natur kommt bei einer Heckenpflanzung eigentlich nie zum Verstummen: Hecken müssen immer wieder geschnitten werden. Hecken kommen in der Natur gar nicht vor. Denn sie sind nichts anderes als Bäume in Bonsai-Reduktion, eine Buchenhecke ist eigentlich eine gestutzte Allee, wie auch Eibenhecken oder Hainbuchenhecken oder Koniferenhecken. In unserer Nachbarschaft haben wir eine hundert Jahre alte Buchenhecke, auf dreieinhalb Meter Höhe gezähmt, daneben steht der naturbelassene Bruder, genauso alt, vierzig Meter hoch, dreißig Meter breit. Hecken machen uns das Naturferne eines Gartens besonders deutlich. Der Mensch arbeitet hier gegen die Natur, er entscheidet sich bewusst dagegen, die Natur zu kopieren. Und so wird uns auch das Umgekehrte deutlich: Je mehr wir die Natur kopieren, umso weiter kommen wir weg vom Hortus, dem Garten, der künstlich angelegt sein will zum Nutzen und zum Wohlgefühl des Menschen.

Wege im Garten haben – entgegen ihrer sonstigen Gewohnheit – eigentlich kein Ziel. Im Garten sind die Wege selbst das Ziel. Ein Weg kann in seiner Beschaffenheit eine beabsichtigte Emotion kreieren. Ein Weg lässt sich im Garten so gestalten, dass man auf ihm langsam geht, um etwas besser, leichter, intensiver wahrzunehmen. Vergleichbar der Landstraße, auf der man vorsichtiger fährt und daher mehr von der Landschaft, von der Natur, von den Bäumen wahrnimmt als auf der Autobahn. So kann es auch im Garten geschehen: Wege, die »unwegsam« gemacht werden, wo man vorsichtig gehen muss, ermöglichen es, Stimmungen und Emotionen intensiver wahrzunehmen. Auch Beschleunigung ist machbar, schnellere Wege an Orten des Gartens vorbei, die nichts zu bieten haben oder wo von ungünstigen, zu vermeidenden Blicken abgelenkt werden soll.

Dies wird durch Wegführungen erreicht und vor allem durch unterschiedliche Materialien – weiche, harte, sandige. Unebenes Kopfsteinpflaster kann fast abweisend wirken, will man darauf gehen. Wege bestimmen die Geschwindigkeit des Besuchers auf seinem Gang durch den Garten. Mitentscheidend ist dabei die Struktur eines Wegebelags.

Der Materialien gibt es viele: Betonsteinpflaster und Muschelkalk, Wegeklinker oder Mosaiksteine aus Porphyr, zerbrochene Schieferdachziegel oder gebrannte alte Kacheln, Kies, Holz oder Rasen, um nur einige zu nennen. Neu aufbereitet und in Mustern verlegt kann selbst Beton gut aussehen und Charakter entwickeln. Auch eine Mischung kann Atmosphäre schaffen, etwa Klinker mit Platten – es kommt darauf an, wie sie verlegt wird, ob sie zum Haus und der Region passt sowie zum Gesamtcharakter des Gartens.

Auch räumliche Tiefe kann mit Wegen geschaffen werden, wenn sie dem Garten selbst fehlt. Manche Wege sind nur fürs Auge, eine Einladung für die Seele, aber nicht zum Betreten, nur zum Schauen, aber nicht zum Gehen, da möchte der Gartenbesitzer nicht, dass jemand weiterläuft. Nur gucken, nicht anfassen.

Dass sich Wege auch biegen oder schlängeln, kommt vor, sollte aber auch Gründe haben. Der Weg mag dann einem Baum, einem Beet, einem Teich ausweichen und auf ein Ziel hinführen oder sich der Bodenformation beziehungsweise

Geländeunebenheiten anpassen. Grundlos einen Weg sich winden zu lassen, etwa über den Rasen, kann einfallslos, langweilig, bestenfalls geziert wirken. Und Wege sollten nicht ins Leere führen, einen Endpunkt sollte es schon geben: eine Bank, ein besonderes Beet, einen Brunnen, einen Ausblick – einen Blickpunkt eben.

Historische Landschaftsgärtner wie Peter Joseph Lenné oder Graf Pückler-Muskau haben es übrigens zum Prinzip erhoben, die Wege durch Parkanlagen so zu gestalten, dass man auf ihnen gehend möglichst keine anderen Wege sieht, was sie »durch Disposition und Pflanzung« bewerkstelligt haben.

Mit *Treppen* werden – wie im wirklichen Leben – Höhenunterschiede überwunden. Selbst in ganz flachen Gärten können mit zwei, drei Stufen Ebenen geschaffen werden, die zuvor gar nicht wahrgenommen wurden. Ein guter Gartengestalter sollte auf diese Weise auch geringfügigste Höhenunterschiede nutzen, um diese Besonderheit seines Objekts auszuschöpfen und dem Garten auch auf diesem Weg zu einem besonderen Charakter zu verhelfen.

So kann ein schönes Zeichen gesetzt werden, wenn man über eine Treppe von einem niedrigen Bereich in einen höheren oder von einem höheren Bereich in einen niedrigeren gelangt. Ein eher langweiliges Grundstück erhält mit wenigen Stufen eine zusätzliche Spannungsdimension. Auch lassen sich wiederum Gartenbereiche trennen, durch Höhenunterschiede kann Räumlichkeit kreiert werden. Mit Treppen wird Neugier angeregt, die Überwindung von Höhe schafft Erwartungen, und daraus lässt sich etwas Besonderes, ein emotionales Erlebnis machen.

Treppen, die bepflanzt werden, können eine außerordentlich betörende Wirkung erzielen. Gertrude Jekyll, eigentlich Malerin, später aufgrund eines Augenleidens autodidaktische und sehr anerkannte Gartengestalterin, hat Treppen- und Mauerbepflanzungen von einzigartiger Schönheit konzipiert und hinterlassen. Ihr Gestaltungsprinzip folgte dem Gesichtspunkt, durch die Bepflanzung gerade Linien und harte Konturen weich zu zeichnen. Treppen haben sich so zu wahren Gemälden voller Harmonie gewandelt.

Bei einem Senkgarten bewirken Treppen über die Überwindung von Höhenunterschieden hinaus auch die Bewegung von draußen nach drinnen, in den Senkgarten hinein, und umgekehrt. Der Weg von drinnen nach draußen, aus der begrenzten introvertierten Welt des unten liegenden Gartens hinaus in den freien Garten, kann ein erlösendes Moment beinhalten.

Die Stufen der Treppen sollten in der Natur – anders als im Haus – immer flacher und tiefer sein. In der Natur ist es ein Schreiten, ein freies, fließendes Gehen, das die Menschen bevorzugen. In einigen französischen Gärten kann man als Steigerung dieser Ansicht Treppen vorfinden, die nach oben zunehmend kürzer und höher werden, nach unten zum Garten hin länger und flacher, konsequent angepasst dem Gehen im Freien, mit größeren, schwungvollen Schritten, flanierend, spazierend und auch mal innehaltend.

Eine *Terrasse* bildet zu allererst den Übergang zwischen der Architektur des Hauses und dem Garten. Bei ihr stellt sich zunächst die Frage, auf welcher Ebene sie liegen soll, damit sie wirklich genutzt wird. Denn die Erfahrung zeigt: Wer mehr als vier Stufen zu gehen hat, wird eine Terrasse schon weniger oder nie in seinen Alltag einbeziehen – bis auf die euphorischen ersten Tage. Es sitzt keine Familie mit fünf Kindern auf einer Terrasse, die zehn Stufen hinauf- und wieder hinunterzugehen ist. Eine Terrasse sollte auf Höhe der Tür zum Haus angelegt sein, und sie sollte direkt am Haus liegen. Zur Küche rein, aus der Küche raus mag zwar nicht so sehr das Problem der Männer sein, der alle versorgenden Hausfrau aber schon. Der höhengleiche Weg zwischen Haus und Terrasse garantiert kurze Wege. Es sind kurze Wege zum Leben! Außenraum auf Höhe des Innenraums, so muss die Philosophie lauten, auf dass der erste Raum im Garten ein Raum ist, der in einem direkten Bezug zum Haus steht, auf gleicher Ebene.

Gegenüber früher haben sich die Räumlichkeiten im Haus verändert. Wir haben oft Wohnküchen, die heute zum Garten hin angelegt sind. Früher haben sie an der Hausseite, zum Nachbarn hin gelegen. Wenn die Mutter abwusch, hatte sie den Blick auf Nachbars Garage. Da heute viel mehr in der Küche gelebt und gewohnt wird, und man sich gern mal morgens, wenn die Kinder aus dem Haus sind, in Ruhe eine Tasse Kaffee genehmigen möchte, wäre es doch auf der Terrasse vor dem Haus in der Morgensonne ein doppelter Genuss. Wenn dazu aber erst zehn Stufen oder ein weiter Weg zurückzulegen sind, werden diese psychologischen Barrieren den Genuss verhindern.

Auch fürs Familienessen oder das gemütliche Beisammensein mit Freunden würden unnötige Hindernisse aufgebaut, die mühevoll zu überwinden wären und schnell den Spaß und die Freude an der Nutzung des Außenbereichs einschränkten. Es ist einfach schön, einen äußeren und einen inneren Raum nahe beieinander zu haben, einen Draußenraum mit einem starken Bezug zum Innenraum.

Terrassen können also zugleich als Hausraum genutzt werden, der es ermöglicht, das Raus- und Reingehen zu relativieren, weil Draußen immer zugleich als Drinnen empfunden wird und umgekehrt. Eine Terrasse auf Höhe der Küche mit direktem Zugang vermittelt ein Gefühl, Teil des Gartens und zugleich Teil des Hauses zu sein, sie lässt das Draußenleben leicht verwirklichen, kann aber auch als schönste Aussichtsplattform über den Garten dienen. Das Haus gibt Schutz, während die Terrasse den Garten an das Haus heranholt.

Wenig akzeptabel wäre die Terrasse ein Stück weit ab vom Haus mitten auf dem Rasen. Hier brauchte es den Mut, sich draußen mitten in die Wildnis zu setzen, rundum gut beobachtet, den Blicken aller Welt ausgesetzt. Auch wenn keiner wirklich guckt, fühlt man sich hier nicht geborgen, nicht geschützt. Man kommt aus dem Haus und ist mitten in der Prärie. Hier wäre die Terrasse nicht mehr dieser Übergang zwischen Haus und Natur, hier wäre sie einfach eine Plattform im Grünen. Kaum jemand sitzt wirklich gern mit dem

Rücken zum offenen Raum, besonders die Herren nicht, das behaupten jedenfalls Statistiken.

Eine Ausnahme sei aus eigener Erfahrung erzählt: In unserem Garten in England, es war schon die Rede davon, leisteten wir uns eine Terrasse weit weg vom Haus, am anderen Ende des Gartens, hinter der schönsten Staudenpflanzung. Um dorthin zu gelangen, war der Garten in seiner gesamten Länge, immerhin fünfzig Meter, zu durchwandern. So konnte man sich an allem erfreuen, was der Garten hergab, um sich dann – bevorzugt am Abend – an diesem reizenden Ort mit wundervollem Blick über die Cotswolds zu entspannen. Voraussetzung allerdings für eine solche Feierabendterrasse ist das Vorhandensein einer Haupthausterrasse, des Garten-Wohn-Esszimmers direkt am Haus.

Sitzplätze sind emotionale Einladungen, die ganz unterschiedliche Stimmungen schaffen können. Die einen sind ganz praktisch zu nutzen, sie laden ein, etwa ein Buch zu lesen, in der Abendsonne zu sitzen, allein oder gemeinsam. Andere sind Orte, an die wir vielleicht nur selten oder nie gehen, die aber Bilder aus unseren Träumen erzeugen, von Romantik, von Stille, von morbidem Zauber. Sie dienen nur unseren Blicken – und entzücken uns.

In meinem eigenen Garten stand ein kleines grünes Tischchen mit zwei roten Stühlen, farblich abgestimmt mit blauem Geranium und roten Knautia, ein wunderschönes Stillleben – man frage bitte nicht, wie oft ich dort saß. Ebenso gab es einen kleinen Gartenraum mit einer Hängematte, winzig nur, gerade einmal so viel Platz für eben diese Hängematte. Nicht ein einziges Mal habe ich es geschafft, darin zu liegen, aber es war eine Herzensangelegenheit. Und als ich dann doch einmal dort entspannen wollte, ist der morsche Stützast gebrochen. Wie geheimnisvoll doch ein Rosenbogen mit einem Stuhl darunter wirken kann, auch wenn, oder gerade weil er stets leer bleibt. Es lässt sich aber vorstellen, es säße eine Dame da, in einem Buch lesend, die Dame mit dem grünen Daumen vielleicht. Doch da Frauen, die lesen, bekanntlich gefährlich sind, ist es gar nicht mal verkehrt, wenn der Stuhl weiterhin leer bleibt.

Allein die Möglichkeit, sich an diesem Ort, auf dem einsamen Stuhl, der morschen Bank, am rostigen Tischchen, von Rosen umgeben niederlassen zu können, dort zu sitzen und nichts zu tun, schafft eine einladende Geste im Garten – eine Sehnsucht für viele, auch für die, die von draußen nur hereinschauen. Die meisten Sitzgelegenheiten im Garten bleiben fast immer Gesten an die Seele, und so soll es auch sein.

Zu einem letzten Gestaltungselement, der *Beleuchtung*. Diese können wir künstlich einsetzen durch eingebaute Lampen, elektrisch oder solar, als Feuer oder Fackel, im Gegensatz zur natürlichen Beleuchtung, der Sonne in ihrem Zenit, den Schatten der Bäume, dem Tageslicht bei Bewölkung, der aufgehenden und untergehenden Sonne, der Dämmerung oder bei Nebel.

Natürliches Licht ist die göttliche Beleuchtung. Sie ist von vornherein in unsere gartengestalterische Planung mit einzubeziehen, sie ist der Ausgangspunkt zahlreicher Entscheidungen: Wo pflanzt man die Bäume, damit sie den Garten, die Beete in zehn Jahren nicht verschatten. Das natürliche Licht entscheidet mit darüber, wie ich den Garten erleben will, wann ich im Schatten sitzen möchte, wie die heiße Mittagssonne auf dem Garten stehen soll – solche und sehr viel mehr Gesichtspunkte beeinflussen die Planung ganz wesentlichmit.

Künstliche Lichtquellen haben vor allem eine Funktion in der Dunkelheit. Sie vermögen in unserem Garten Schwerpunkte zu setzen, sie erhöhen und liefern Charakter und Emotion. Beleuchtung steuert in einem Garten die Aufmerksamkeit des Blicks, weil nicht beleuchtete Orte, Pflanzen und Gegenstände ausgeblendet werden.

Dunkelheit ist absolute Ausblendung. Tagsüber haben wir den ganzen Garten vor uns, nachts ein schwarzes Loch, in dem ein angestrahlter weißer Birkenstamm gespenstisch wirken kann oder das Geäst einer Korkenzieherhasel oder einer Zaubernuss wie eine Skulptur. Besonders bizarr kann sich im Winter ein ausgeleuchtetes blattloses Baumskelett zeigen.

Es liegt in unserer Hand – wie alles im Garten –, wie wir durch Beleuchtung das Leben in unserem kleinen Paradies präsentieren wollen: bizarr oder sanft, grell oder warm, heiter, festlich oder irritierend, romantisch oder beruhigend, ob wir etwas akzentuieren oder Illusionen schaffen wollen. Mit Licht lassen sich diese Wirkungen steuern. Der Engländer sagt: *Garden should be lit well, not well lit*, was soviel meint wie: »Ein Garten soll nicht gut ausgeleuchtet, sondern gut beleuchtet sein.« Ich würde die Sanftheit als emotionalen Aspekt einer Gartenansicht immer favorisieren. Wer einen Garten jemals im Mondlicht wahrgenommen hat, weiß warum. Einen schöneren kann es nicht geben.

Farbenspiele

Farbe muss in die Gärten, viel mehr Farbe! Nicht alles durcheinander, aber so, dass die Jahreszeiten sich austoben können und ausgedrückt werden. Es sollten keine Klischees bedient werden, nach dem Motto: Dieses Jahr ist Weiß angesagt oder Rosa oder Pink oder Blau. Monochrom funktioniert bei schlechter Witterung oder in kleineren und winzigen Gärten überhaupt nicht.

Die berühmten Gärten von Vita Sackville-West, der englischen Schriftstellerin und Gartenbesitzerin, Freundin der Dichterin Virginia Woolf, waren gleich ein paar Hektar groß. Dort in Sissinghurst ging sie einfach, wenn die Sonne schien, in den weißen, und wenn es nieselte oder dieser verblüht war, in den warmfarbenen, den gelb-orange-roten Garten. Sie hatte sich tatsächlich monochrome Gartenräume innerhalb ihres großen Gartens geschaffen – welch ein wunderbarer Luxus, den sich leider kein Durchschnittsbürger in seinem Garten leisten kann. Und doch sollte man versuchen, zu unterschiedlichen Jahreszeiten mit vielen Farben zu spielen.

Farben können die eigenen Herzenswünsche ausdrücken. Wir sollten zu den Farben greifen, die wir begehren, denn unsere Seelen haben bestimmte Wünsche und Sehnsüchte – zu bestimmten Jahreszeiten, aber auch in bestimmten Lebenslagen oder aus spontaner Freude. So haben starke Farben gerade mit meiner gegenwärtigen Situation zu tun, mit Lebensbejahung und der Euphorie des Neubeginns. Wir können und sollten versuchen, uns unsere Wunschfarben in Verbindung mit unseren Lebensumständen und -zielen bewusst zu machen und danach zu handeln, in dem Sinne, dass wir uns mit ihnen umgeben.

Dazu gehört auch, übernommene Gewohnheiten, die oft bis in die Kindheit zurückgehen, beiseitezulegen, sie nicht weiter zu pflegen und nicht die ausgetretenen Wege zu beschreiten, die wir von unseren Müttern und Vätern kennen und auf denen wir selbst seit zwanzig, dreißig oder vierzig Jahren herumlaufen. Die Entscheidungen der Elterngeneration resultierten meist aus einem Mangel an Angeboten, und so pflanzten sie oft zwangsläufig das ewig Gleiche, sie konnten gar nicht anders, auch wenn sie gewollt hätten. Ich will den Menschen zeigen, wie leicht es ist, mutig zu sein und das zu suchen und zu pflanzen, wonach die eigene Seele verlangt. So werden unsere Gärten lustbetonter und fröhlicher werden, bunter, lustiger und freudvoller, sie werden uns ein Lächeln in die Gesichter zaubern.

Monochrom und dunkel – das haben wir genug, insbesondere nach einem Winter. Im Frühjahr ist alles erlaubt, da freut sich das Herz über die ersten weißen Schneeglöckchen und die knallgelben Narzissen, da jubelt die farbentwöhnte Seele, wenn erst einmal die bunten Tulpen loslegen. Es sind Sonnenstrahlen, die aus der Erde kriechen und sich zeigen. In dieser Zeit sind alle Farben sogar in einem einzigen Strauß erlaubt: Rot, Blau, Gelb, Grün, Lila, Orange. Es ist die Sehnsucht nach dem Erwachen der Erde, dem Zurücklassen des Winters, die Lust auf wärmere, hellere, längere Tage. Diese Sehnsüchte teilen wir alle. Und je nördlicher wir leben, umso mehr wachsen sie an, diese Sehnsüchte nach dem bunten Leben.

Im Sommer wird es dann sanfter und weicher in den Farben, ihre Wahrnehmung verändert sich. Die Farben verblassen durch die stärkere Sonneneinstrahlung, die Lichtintensität lässt die Menschen schattigere Plätze suchen, um sich und ihre Augen zu schützen. Es sind die Plätze, die sie im Frühling gerade verlassen hatten, um in der Sonne neue Energie zu tanken. Der Spätsommer zeigt dann Gelb, Orange und Rot oder auch viele sanfte Blautöne, im Vergleich zum Frühjahr eine warme, milde Buntheit. Dann kommt die Fülle der Erntefarben. Bronze und Purpur gesellen sich hinzu, alles wird ruhig und melancholisch. Im Winter schließlich haben wir Grün, Braun, Kupfer mit sehr viel Struktur, Gräser etwa und Hecken, die den Frost aushalten.

Nicht irgendwelche angesagten Farbentrends sind entscheidend, sondern die Farben mit ihren besonderen Stimmungen, die die Menschen meist ähnlich interpretieren, denen allgemeine Bedeutungen zugesprochen werden, Konventionen ähnlich. In unserem Unterbewusstsein haben wir alle eine ähnliche Farbenlehre, so wie wir ähnliche (nicht identische!) Vorlieben für Düfte und Geschmacksnoten besitzen.

Zum Beispiel Weiß. Ein weißer Garten sieht in Hamburg, wo es oft oder viel regnet, immer leicht tot aus, ziemlich schmuddelig. Ganz anders im Schatten beim häufig guten Wetter einer anderen Region. In unserem Chelsea-Showgarten war im hinteren Bereich sehr viel Schatten, deshalb haben wir dort fast nur mit Weiß gearbeitet, weil Weiß Licht reflektiert. Für das schattige Grundstück also gilt, weiße Anemonen und andere weiße Pflanzen im Hintergrund zu platzieren, um dort Licht hineinzutragen.

Blau und Rot absorbieren hingegen das Licht, das heißt, Rot und Blau müssen immer im Vordergrund stehen. Solches Farbwissen ist wichtig für bunte Beete: Sie sollten an der Terrasse in der Nähe des Hauses sein. Wer sein rot-blaues Beet hinten im Garten anlegt, verschenkt die ganze Pracht. Man hätte dann von der Terrasse aus gesehen nicht viel davon, es sei denn, man geht durch den Garten nach hinten zum Beet. Frauen mögen Gelb nicht so sehr. Ein Hauch von Gelb jedoch lässt Weiß noch weißer erscheinen. Das ist ein Trick, der aus nässeren Regionen kommt, gerade auch aus England. Dort mag man die weißen Gärten sehr, trotz des häufigen Regens. Deshalb pflanzen die Engländer immer ein paar Sträucher und Gräser mit einem Hauch von Gelb dazwischen, Limettengelb, Grüngelb, sodass das Weiße weißer wirkt, selbst wenn es schon verregnet ist. Ich habe schon so manchen deutschen Gartenbesitzer angetroffen, der die weißen Gärten in England gesehen hat und ganz verzweifelt fragte, warum die dort so unglaublich weiß seien und warum wir das nicht hinkriegen. Etwas Gelb dazwischen – das ist das ganze Geheimnis.

Bei Karl Foerster war Blau eine dominante Farbe. Blau sei keine bloße Farbe, hat er geschrieben, Blau sei eine Welt, die kein Mensch überschauen könne, noch nach einem neunzigjährigen Leben sähe er sich »vor blauer Unsterblichkeit der Aufgaben«. Für ihn ist die blaue Blumenfarbe »die größte Verzauberin des Gartens und die größte Versöhnerin anderen Blumenfarbenstreits«[17]. Blau ist tatsächlich etwas Wunderbares, vor allen Dingen das helle Blau, weil auch dieses trägt, im Gegensatz zum dunklen Blau, das nicht trägt, also keinen Hintergrund abgibt und deshalb dicht ans Haus gepflanzt werden sollte. Dem dunklen Blau fällt es zu schwer, von weit her zu wirken.

Mir selbst geht es mehr um die Kombination von Farben. Ich mag Rot sehr, aber Rot im Garten ist eine ganz schwierige Farbe, wenn sie allein steht. Derzeit finde ich Orange bezaubernd, zum Beispiel in der Kombination von Orange und Blau – das wirkt zusammen wie frische Zitrone. Diese Vorliebe kann aber im kommenden Jahr schon wieder anders ausfallen.

Mit Farben lässt sich spielen. Ich liebe das Farbenspiel, das Isabelle so perfekt beherrscht. Nach dem Studium in Kew Gardens, als wir unsere ersten Pflanzpläne konzipiert hatten, waren wir zunächst etwas snobistisch eingestellt: Wir bevorzugten etwa lila Pastelltöne. Dann besuchten wir den bekannten großen englischen Staudengarten Hidcote, wo eine mächtige Rabatte gepflanzt war, in der alles in Rot gehalten war, ein einziges rotes Blütengeschrei. Es war uns eigentlich zu laut. Einige Wochen später waren wir noch einmal dort und es herrschte ein mieses, fieses, graues Wetter, ungemütlich mit Nieselregen: Da ist uns diese rote Rabatte ins Auge gesprungen, so leuchtend und warm und lebendig – einfach herrlich. Und da haben wir sie zum Teufel geschickt, diese Vorurteile gegenüber Farben.

Der Spaß am Farbenspiel lässt sich ausleben, wenn wir im Beet mit kontrastierenden oder harmonierenden Farben arbeiten. In den vergangenen Jahren haben wir sehr kräftige Farben verwendet, zum Beispiel kräftiges Rot mit Lila, da darf es auch ruhig mal einen lauten Farbenknall geben. Auch bei den Farben gilt: Man kann und soll seinem Herzen folgen. Wer das Gefühl hat, dass Zitronengelb und Magentarot gut zusammenpassen, der sollte das in die Tat umsetzen und sich nicht darum kümmern, was die Schwiegermutter dazu sagt oder die beste Freundin.

Wir möchten die Menschen so gern zu Veränderungen anregen und wollen bei ihnen neue Bedürfnisse wecken, denn gerade der Garten sollte die Langeweile vor das Tor verbannen oder auf den Kompost befördern. So geht es uns ja selbst als Gärtner: Nach Jahren, in denen wir uns verstärkt für warme Farben entschieden hatten, merkten wir auch bei uns, dass wir satt davon waren – wir entdeckten Lilablau, das in der Folge aus unseren Schaubeeten und Angeboten hervorstach. Einmal hatten wir unser Sommerpflanzenangebot schön nach Farbtönen wie auf einer Farbenskala geordnet. Und ein anderes Mal eher gemischt, nicht willkürlich, sondern in Farben gruppiert, etwa Gelb, Orange, Rot zusammen. So steht auch uns der Sinn im Umgang mit den Farben immer ein bisschen anders. Besonders mit diesen Sommerpflanzen für Balkon und Kübel kann man immer wieder etwas anderes zaubern und zu jeder Saison ein gänzlich anderes Farbenspiel anstimmen.

Wir wollen die Menschen aus der Bequemlichkeit und der Langeweile des Vorhersehbaren, des Altbekannten und Alltäglichen herausholen, wollen sie neugierig machen, ihnen

Möglichkeiten aufzeigen und sie experimentierfreudig machen, damit sie nicht nur sehnsuchtsvoll in fremde Rabatten, öffentliche Parkanlagen oder (Garten-)Zeitschriften blicken, sondern am Ende mit erstaunten großen Augen, stolz, lächelnd und voller Freude in ihrem eigenen Garten stehen.

Die Schönheit des Zufalls

Ich liebe es, wenn sich Pflanzen von allein aussäen. Ich empfinde das als Kompliment an meinen Garten: Sie fühlen sich wohl bei mir.

Natürlich gibt es auch solche, die stören, die man nicht auf Dauer haben möchte, die wieder hinausgeworfen werden. Es ist wie mit Gästen, die zu Besuch kommen: Die einen passen sich gleich an, fühlen sich schnell wohl und auch heimisch, finden sich im Haushalt zurecht und müssen nicht jede Minute von vorn bis hinten bedient werden, weil sie sich auch um sich selbst kümmern können. Man muss sich dann als Gastgeber nicht ständig Gedanken machen, wie man sie beschäftigt, was man mit ihnen tut, ob sie Hilfe oder Unterhaltung benötigen.

So gibt es andererseits auch Pflanzen wie Rittersporn oder Rosen, bei denen man immer wieder überlegen muss, was man tun muss, damit sie bleiben. Sie sind herzlich willkommen, man will sie gern um sich haben, aber sie sind schwierig und kommen nicht auf Anhieb in der fremden Umgebung zurecht. Man sollte sich kümmern und hat doch kaum Zeit für sie.

Wo sich Pflanzen wohlfühlen, wo sie sich von selbst ausbreiten, dort sieht der Garten im folgenden Jahr auch wieder anders aus. Die Pflanzen suchen sich selbst die Stellen, wo sie Licht haben, wo sie den gewünschten Schatten finden, wo sie Platz haben – in diesem Jahr hier, im nächsten vielleicht dort. Schlafmohn, Mutterkraut und Königskerze sind solche dynamischen Gäste.

Es gibt so vieles, was man ganz vorsichtig, langfristig, aus Erfahrung und überlegt plant: Wenn dieses verblüht ist, soll jenes nachkommen und verhindern, dass Löcher und eine Leere im Beet entstehen. Schöne Abfolgen, die man zuvor im Kopf entwickelt und durchdacht hat – und doch geht oft genau dieser Plan, dieses Bemühen schief. Es kommt anders als man denkt, und man weiß nicht recht, warum: der Boden, das Wetter, zu feucht oder zu trocken, der Schatten oder zu viel Sonne?

Hingegen tun wir oft gar nichts, vergessen, übersehen kleine Entwicklungen in irgendeiner Ecke unseres Gartens oder zwischen Stauden, die etwas unübersichtlich wuchern, tun Dinge, bei denen wir nicht über mögliche Konsequenzen nachdenken – und die Folgen davon können sehr aufregend sein. Die tollsten Dinge, die größten Erfolge, eine bezaubernde Blütenpracht entstehen im Garten nicht selten durch Zufall.

Dazu stehe ich, auch als Planerin von Berufs wegen. So haben wir in unserer Gartenakademie am Saisonende der Zwiebelzeit oft noch eine Reihe unbeschriftete Knollen übrig, die wir, damit sie nicht heimatlos bleiben, in unseren Schau- und Nutzgarten wild ausstreuen und pflanzen. Nach der vergangenen Saison pflanzten wir unter die kleinen Spaliere, sogenannte *step over*, die dort als Begrenzung eines Beetes gebaut sind, kaum zwanzig Zentimeter hoch, ein paar Aurikel, altmodische kleine Primeln, dahinter Überbleibsel von Tulpenzwiebeln. Der Zufall wollte es, dass alles gleichzeitig zum Blühen kam: dunkelviolettrote Aurikel mit weißem und leicht rosa Auge, die Spalierzweige in zartrosa und dahinter tiefviolett-blaue bis schwarze Tulpen. Somit hatten die Tulpen und Aurikel den gleichen Farbton, das Weiß in den Aurikeln korrespondierte mit dem Weißrosé in den Spalierapfelblüten, eine Kombination von unglaublichem Zauber, aber vollkommen gesteuert vom Zufall, farblich und temporär durch die zeitgleiche Blüte. Jeder Versuch, dieses Bild gezielt zu wiederholen, dürfte wohl scheitern.

Solche Zufälle muss man genießen, der Natur danken – und dem Beifall von außen gegenüber ehrlich sein.

Nachklang

W as mich ursprünglich bewegt hat, nach fünfundzwanzig Jahren meine Zelte in England abzubrechen,
um in meine Heimat zurückzukehren, war die Erkenntnis,
dass der Engländer gar nicht viel besser gärtnert, sondern
einfach nur eine bessere Grundkenntnis vom Garten hat.
Er lässt sich nicht vom Gärtner sagen, wann und ob er seine
Hecke schneiden lassen muss. Er weiß es. Und somit ist er
auch nur sehr selten der Situation ausgesetzt, mit der sich
viele meiner heutigen Kunden, vornehmlich in Berlin an-
gesiedelt, konfrontiert sehen, wenn der Gärtner zu ihnen
sagt: »Det jeht nich.«
Ich habe eine ganze Weile gebraucht, um zu verstehen, was
gemeint ist. »Det jet nich« meint entweder: »Das kann ich
nicht«, häufiger »Das will ich nicht« oder auch »Ich habe
gerade keine Zeit« (oder Lust). Eine ganz besondere Variante
des Sich-rar-machens ist, wenn nachdrücklich betont wird,
dass das, was ein Gartenbesitzer da gemacht haben möchte, wohl eine Technik aus England sei, die hierzulande nun
»absolut nich jeht«. Gemeint ist allerdings: »Det ham wa
noch nie jemacht«, und hinter dem Rücken: »Ham wa keene
Ahnung, wat die meent.« So klingt es in Berlin. Andernorts
klingt es anders, gemeint ist das Gleiche.
Gärtnern braucht Wissen. Damit „et jeht", habe ich gemeinsam mit Isabelle Van Groeningen die Königliche Gartenakademie in Berlin-Dahlem, eine Gartenschule nach englischem
Muster, gegründet. In einem luftigen, hellen Seminarraum,
einst Gewächshaus der auf Peter Joseph Lenné zurückge-
henden Königlichen Gärtnerlehranstalt, wird hier über die

Leichtigkeit des Gärtnerns erzählt. Es wird nicht gelehrt, sondern lustvoll mitgerissen, unterhaltsam in die kleinen und großen Geheimnisse hinter dem Gartenzaun und im Blumenbeet eingeführt.

Neue Ideen, unbekannte Pflanzen, nie gesehene Farben und Formen – davon wird berichtet, und die Ergebnisse solch einer Herangehensweise an den Garten kann man gleich in unseren Nutz- und Schaubeeten betrachten, bestaunen und sogar mitnehmen. Täglich erleben wir, wie wichtig den Menschen der Garten ist. Und täglich erleben die Menschen bei uns, wie einfach es ist, aus dem Garten am Haus, dem Wochenend-Schrebergarten, einem kleinen Beet im Hinterhof oder dem Balkon eine vier Jahreszeiten »durchblühende« Augenweide und Herzensangelegenheit zu zaubern, an der man sich täglich erfreuen und Glückshormone tanken kann. Dieses Büchlein ist kein Wissensbuch, es ist eine kleine Anleitung zum Glücklichwerden mit dem Garten. Es zeigt viele, längst nicht alle Aspekte des Gartens und des Gärtners, aus der wir Kraft und Zuversicht, Mut und Hoffnung, Freude und Liebe, Leichtigkeit und Inspiration, Sinnlichkeit und Energie schöpfen können. So wird Gärtnern zu einer Lebensschule. Ein Garten ist, wie eine menschliche Beziehung, zu hegen und zu pflegen, er braucht Liebe, Zuspruch und Vertrauen, Zuwendung und Leidenschaft – er will kultiviert sein! Wer gärtnert, der entdeckt die wesentlichen Werte des Menschseins und den Rhythmus des Lebens.

Verzeichnis der Quellen

1 Elizabeth von Arnim: Elizabeth und ihr Garten, S. 32 © Insel Verlag, Frankfurt/M. und Leipzig 1987

2 ebenda

3 Vita Sackville-West und Harold Nicolson: Sissinghurst. Porträt eines Gartens, zusammengestellt von Julia Bachstein, Schöffling Verlag, Frankfurt/ M. 1997

4 Karl Foerster: Garten als Zauberschlüssel, Jagd- und Kulturverlag, Sulzberg/Allgäu 1988

5 Humboldt an K. A. Varnhagen von Ense, Berlin, 24. Oktober 1834. In: Briefe von Alexander von Humboldt an Varnhagen von Ense aus den Jahren 1827 bis 1858, herausgegeben von Ludmilla Assing, Leipzig 1860

6 Daniel Kehlmann: Die Vermessung der Welt, Rowohlt Taschenbuchverlag, Reinbek bei Hamburg 2008

7 Alexander von Humboldt: Ansichten der Natur, 1. Band, 3. Ausgabe, Vorrede, Stuttgart und Tübingen 1849

8 Alexander von Humboldt: Ideen zu einer Physiognomik der Gewächse, Tübingen 1806

9 Ein Garten der Erinnerung. Sieben Kapitel von und über Karl Foester, herausgegeben von Eva Foerster und Gerhard Rostin, Bvu Buchverlag Union, Berlin 1992

10 Gedicht aus: Theodor Storm, Sämtliche Gedichte in einem Band, Insel Verlag, Frankfurt/M. 2002

11 Gedicht aus: Das große Heinz Erhardt Buch, Lappan Verlag, Oldenburg 2009

12 Ein Garten der Erinnerung. Sieben Kapitel von und über Karl Foerster, herausgegeben von Eva Foerster und Gerhard Rostin, Bvu Buchverlag Union, Berlin 1992

13 Karl Foerster: Garten als Zauberschlüssel, Jagd- und Kulturverlag, Sulzberg/Allgäu 1988

14 Karl Foerster: Es wird durchgeblüht, Union Verlag, Berlin 1973

15 Karl Foerster: Garten als Zauberschlüssel, Jagd- und Kulturverlag, Sulzberg/Allgäu 1988

16 ebenda

17 Karl Foerster: Freude und Ärger im Garten. Ein Lesebuch, Ulmer (Eugen), Stuttgart 2001

Dank

Ohne die Gartenakademie gäbe es dieses Buch nicht, und somit möchte ich Isabelle Van Groeningen dafür danken, dass sie bedingungslos mitgeholfen hat, diesen Ort so traumhaft zu machen, dass sich die Menschen hier ausnahmslos wohlfühlen. Und vor allem dafür, dass sie es mir hoffentlich vergeben wird, dass einige meiner Formulierungen in diesem Buch eigentlich ihre sind. Danke.